Gefangen im Spiel

Glücksspielsucht unter Migranten Ursachen, Folgen und Wege aus der Sucht

Dr. Cemil Şahinöz

Wer Pech hat, gewinnt am Anfang!

**Verlag: BoD · Books on Demand GmbH, In de Tarpen 42,
22848 Norderstedt, bod@bod.de**
**Druck: Libri Plureos GmbH, Friedensallee 273,
22763 Hamburg**
ISBN: 978-3-8482-2559-0

1. Auflage 2015 (erschien unter dem Titel "Glücksspielsucht unter türkischen Migranten in Deutschland" mit der ISBN 9783734766800)
2. Auflage 2025

Cover: Erman Doğan (info@grafist.de)

Inhalt

Vorwort

„Gehen Sie, um Gottes willen, gehen Sie“, flüsterte eine andere Stimme an meinem linken Ohr. Ich sah flüchtig hin. Es war eine sehr bescheiden und anständig gekleidete Dame, um die Dreißig, mit einem krankhaft blassen und müden Gesicht, das immer noch Spuren einer einstigen Schönheit trug. In diesem Moment stopfte ich gerade die zusammengeknüllten Banknoten in die Taschen und sammelte die herumliegenden Goldmünzen ein. Ich griff nach der letzten Rolle mit fünfzig Friedrichsdor und drückte sie ganz unauffällig der blassen Dame in die Hand; ich folgte damals einem unwiderstehlichen Wunsch, und ihre schmalen, mageren Fingerchen, ich weiß es noch, drückten zum Zeichen lebhaftester Dankbarkeit fest meine Hand. Das alles geschah in einem Augenblick.

Nachdem ich alles eingesammelt hatte, begab ich mich rasch zu trente et quarante.

Bei trente et quarante trifft sich das aristokratische Publikum. Das ist nicht Roulette, es sind Karten. Hier garantiert die Bank hunderttausend Taler auf einen Schlag. Der höchste Einsatz ist gleichfalls viertausend Florin. Ich hatte von dem Spiel keine Ahnung und wusste nur, dass man auch hier auf Rot und Schwarz setzen konnte. Und danach richtete ich mich. Die Besucher des Saals versammelten sich um mich. Ich weiß nicht mehr, ob ich während dieser Zeit auch nur ein einziges Mal an Polina gedacht habe. Ich empfand damals eine unstillbare Lust beim Packen und Bündeln der Banknoten, die sich immer höher vor mir aufhäuften.

In der Tat, es schien eine Fügung des Schicksals. Dieses Mal, ausgerechnet dieses Mal, wiederholte sich ein Umstand, der beim Spiel übrigens gar nicht einmal selten ist. Das Glück, zum Beispiel, kann sich an das Rot heften und ihm zehn-, ja sogar fünfzehn Mal die Treue halten. Ich habe erst vorgestern gehört, dass das Rot in der letzten Woche zweiundzwanzig Mal hintereinander gekommen ist, an einen solchen Fall konnte man sich beim Roulette nicht einmal erinnern und erzählte voller Staunen davon. Selbstverständlich verzichtet man sofort auf Rot, schon nach dem zehnten Mal traut sich keiner mehr, darauf zu setzen. Aber auch auf Schwarz, das Gegenteil von Rot, traut sich von den erfahrenen Spielern keiner, auch nur einmal zu setzen. Der erfahrene Spieler weiß, was eine solche »Hartnäckigkeit des Schicksals« bedeutet. Man kann, wie es scheint, nach sechzehn Mal Rot annehmen, das siebzehnte Mal müsse unbedingt Schwarz bringen. Neulinge fallen darauf scharenweise herein. Sie verdoppeln und verdreifachen die Einsätze auf Schwarz und verlieren fürchterlich.

Ich aber, aus irgendeiner sonderbaren Hartnäckigkeit, hatte mich, sobald ich merkte, dass Rot sieben Mal nacheinander gekommen war, absichtlich darauf kapriziert. Ich bin überzeugt, dass es halb aus Ehrgeiz geschah; es ging mir darum, die Zuschauer durch rasenden Wagemut zum Staunen zu bringen – oh, diese eigentümliche Empfindung –, und ich weiß es noch ganz deutlich, dass mich plötzlich tatsächlich, ohne den herausfordernden Ehrgeiz, ein unstillbarer Durst nach einem Risiko gepackt hatte. Vielleicht war dieser Durst, nachdem die Seele so viele Empfindungen ausgekostet hatte, nicht gestillt, sondern nur gereizt und verlangte weitere Empfindungen, immer heftigere und heftigere, bis zur vollständigen Erschöpfung. Und wirklich, ich übertreibe nicht, wenn die Spielregel es erlaubt hätte, fünfzehntausend Florin auf einmal zu setzen – ich hätte sie gesetzt. Ringsum erregtes Rufen, es sei Wahnsinn, Rot sei bereits dreizehn Mal gewesen!

„Monsieur a gagné déjà cent mille florins", hörte ich eine Stimme in meiner Nähe.

Plötzlich kam ich zu mir. Wie? Ich hatte an diesem Abend hunderttausend Florin gewonnen! Brauchte ich denn etwa mehr? Ich raffte die Banknoten zusammen, zerknüllte sie, füllte damit, ohne zu zählen, die Taschen, schob mein ganzes Gold zusammen, sämtliche Rollen, verstaute es und rannte aus dem Casino. Man lachte, als ich durch die Säle ging, über meine abstehenden Taschen und meinen unter der Goldlast schwankenden Gang. Ich glaube, sie wog wesentlich mehr als ein halbes Pud. Einige Hände streckten sich mir entgegen; ich gab jeweils so viel, wie die Hand in der Tasche fasste. Zwei Juden sprachen mich beim Ausgang an.

„Sie sind mutig! Sie sind sehr mutig!“ sagten sie zu mir. „Aber reisen Sie morgen früh ab, so früh als möglich, sonst werden Sie alles, alles verspielen …“

Auszug aus “Der Spieler“ von Dostojewski (2000).

Dostojewski verfasste sein Roman “Der Spieler“ 1866. Da er selbst an Glücksspielsucht litt und Spielschulden hatte, konnte er die Auswirkungen dieser Sucht, die Gefühle und Wahrnehmungen beim Spielen detailliert genau schildern. So enthält dieser Roman, den er in nur 26 Tagen diktiert haben soll, auch autobiographische Züge.

Bis die Glücksspielsucht allerdings auch als Problem und Krankheit weltweit erkannt wurde, sollte es aber noch über 100 Jahre dauern. Und auch dann kam es erst zu großen wissenschaftlichen Debatten darüber, welche Form von Krankheit es ist.

Inzwischen gibt es viele Untersuchungen in diesem Gebiet, so dass man davon ausgehen kann, dass auch in der Zukunft wichtige Erkenntnisse über die Glücksspielsucht gemacht werden können.

Zunehmend rückt auch das Thema Migration und ihr Einfluss auf die Glücksspielsucht ins Blickfeld der Forschung. Studien zeigen, dass Migranten stärker von der Sucht betroffen und auch anfälliger sind. In Deutschland betrifft dies vor allem türkische, kurdische und arabische Migranten. Hier fehlen jedoch verlässliche Forschungsarbeiten und Daten.

Genau hier soll die vorliegende Arbeit anknüpfen. Nachdem zunächst allgemeine Themen der Glücksspielsucht behandelt werden, soll die Arbeit Daten und Fakten über Glücksspielsüchtige mit Migrationshintergrund liefern und für weitere Forschungen und Studien einen wichtigen Beitrag leisten. Im Fokus stehen vor allem der Einfluss der Migration, aber auch die sogenannten Cafés, die zu einem wichtigen Faktor für Glücksspielsucht unter bestimmten

Migrantengruppen führen. Zum Abschluss folgen Statistiken aus der türkischsprachigen Glücksspielsuchthotline.

Ein Dank an dieser Stelle gilt vor allem Ilona Füchtenschnieder-Petry, die mich zu diesem Thema sensibilisierte und unterstützte.

Dr. Cemil Şahinöz

1.0 Einführung

Begriff

Der Begriff "Glücksspiel" könnte irritieren. Denn im Wort steckt das positiv besetzte Wort "Spiel" (Hayer, 2015). Glücksspiel hat aber weder mit Glück zu tun, noch ist es ein Spiel. Es ist kein Spiel, der Gewinn ist kein Glück. Der Gewinn oder der Verlust sind vorprogrammiert und es macht süchtig. Das Endresultat ist dann nicht Glück, sondern eher Pech. Daher müsste es eigentlich nicht Glücksspielsucht heißen, sondern Pechsucht.

Glücksspielsucht, oder auch Pathologisches Spielen, ist häufig ein Thema, dass noch nicht wirklich in der Gesellschaft thematisiert wird. Vor allem, wenn man mit dem Thema nichts zu tun hat, bekommt man wenig davon mit[1].

Zudem wird sie nicht so wahrgenommen wie andere Süchte. Ihre Gefahren sind unbekannt. Glücksspielsüchtige berichten davon, dass, wenn sie von ihrer Sucht sprechen, viele Personen sie fragen, wonach sie überhaupt süchtig sind, da diese Sucht eine substanzungebundene ist. Das bedeutet, die Unkenntnis über dieses Thema ist sehr hoch.

So ist es auch nicht verwunderlich, dass Glücksspielsucht erst seit 2001 in Deutschland als Krankheit anerkannt wurde. Die Weltgesundheitsorganisation deklarierte es schon 1992 als solches. Dies zeigt, dass noch viel Sensibilisierungsarbeit in diesem Gebiet geleistet werden muss[2].

---

[1] Glücksspieler führen häufig ein "Doppelleben". Jahrelang merkt niemand das Spielen. Deswegen spricht man auch von einer "heimlichen Sucht".

[2] Es mussten also tausende Jahre vergehen, damit Glücksspielsucht als Krankheit erkannt wurde. Zu erhoffen ist, dass die

Symptome

An dieser Stelle macht es Sinn zu schauen, wann man überhaupt von einer Glücksspielsucht spricht. Laut dem ICD-11 (International Statistical Classification of Diseases and Related Health) wird es folgendermaßen definiert (GC50.0 und GC50.1): „Die Glücksspielstörung […] ist durch ein anhaltendes oder wiederkehrendes Glücksspielverhalten […] und durch folgende Merkmale gekennzeichnet ist: 1. Beeinträchtigung der Kontrolle über das Glücksspiel (z. B. Beginn, Häufigkeit, Intensität, Dauer, Beendigung, Kontext); 2. Zunehmende Priorität des Glücksspiels in dem Maße, dass das Glücksspiel Vorrang vor anderen Lebensinteressen und täglichen Aktivitäten hat; und 3. Fortsetzung oder Eskalation des Glücksspiels trotz des Auftretens negativer Konsequenzen. Das Verhaltensmuster ist so schwerwiegend, dass es zu einer erheblichen Beeinträchtigung der persönlichen, familiären, sozialen, schulischen, beruflichen oder anderen wichtigen

---

Computerspielsucht (Gaming) nicht so viel braucht, um als Sucht und Krankheit anerkannt und behandelt zu werden.

Funktionsbereiche führt. Das Verhaltensmuster des Glücksspiels kann kontinuierlich oder episodenhaft und wiederkehrend sein. Das Glücksspielverhalten und andere Merkmale sind in der Regel über einen Zeitraum von mindestens zwölf Monaten zu beobachten, damit eine Diagnose gestellt werden kann, wobei die erforderliche Dauer verkürzt werden kann, wenn alle diagnostischen Anforderungen erfüllt sind und die Symptome schwerwiegend sind."

Seit 1980 ist Glücksspielsucht als Pathologisches Glücksspiel auch im DSM (Diagnostic and Statistical Manual of Mental Disorders) eingetragen. Laut der Definition von DSM spricht man von Glücksspielsucht, wenn mindestens 5 dieser Punkte[3] zutreffen:

1. Starkes Eingenommen sein vom Glücksspiel
2. Immer höhere Einsätze, um die gewünschte Wirkung zu erreichen.

---

[3] Bei 1-2 Punkten wird die Bezeichnung „Risikoreiches Glücksspiel“ und bei 3-4 Punkten „Problematisches Glücksspiel“ verwendet.

3. Wiederholt erfolglose Versuche, das Spielen zu kontrollieren, zu verringern oder zu stoppen
4. Unruhig und gereizt beim Versuch, das Spielen einzuschränken oder auf zu geben.
5. Spielt, um Problemen oder negativen Gefühlen zu entkommen.
6. Spielen, um Verluste auszugleichen
7. Belügen von Angehörigen, vertuschen des Spielens.
8. Wichtige Beziehungen oder der Arbeitsplatz wurden wegen des Spielens gefährdet oder verloren.
9. Verlässt sich darauf, dass andere ihm Geld breitstellen. Der Spieler verlässt sich darauf, dass andere die Schulden begleichen, um die durch das Spielen verursachte hoffnungslose finanzielle Situation zu überwinden.

Diese Sucht nur auf Willensschwäche zurückzuführen, wäre eine Einschränkung. Auch ist sie keine bloße Impulsstörung. Neurobiologische Studien zeigen, dass sich das Belohnungssystem des Gehirns bei Spielern auf glücksspielbezogene Reize sensibilisiert. „Der Betroffene entwickelt eine selektive Wahrnehmung für diese Reize und erlebt durch sie ein erhöhtes Spielverlangen, welches sich sozusagen automatisch als Konsequenz einer erlernten neurobiologischen Kettenreaktion zwischen Reizwahrnehmung, Reizbewertung und Handlungsinitiierung ergibt“ (Müller et al., 2013). Der Spieler wird also quasi gelenkt vom reizauslösenden Stimulus. Somit kann man von einer Verhaltenssucht sprechen. Es gibt einen Drang, bestimmte Verhaltensweisen immer wieder zu wiederholen.

Faktor “Zufall“ und “Glück“

Wenn man von Glücksspiel redet, meint man selbstverständlich nicht nur Automaten, sondern auch Kartenspiele oder Sportwetten. Während man bei Glücksspielen eindeutig von Zufall spricht, ist dies vielleicht bei anderen Glücksspielen nicht deutlich. Wenn man aber die “Weltmeister“ im Poker (World Series of Poker) und im Schach vergleicht, kommt man zu folgendem erstaunlichen Ergebnis (vgl. DHS, 2013, S.14):

Pokerweltmeister	Schachweltmeister
1989: Phil Hellmuth	1989: Garri Kasparow
1990: Mansour Matloubi	1990: Garri Kasparow
1991: Brad Daugherty	1991: Garri Kasparow
1992: Hamid Dastmalchi	1992: Garri Kasparow
1993: Jim Bechtel	1993: Garri Kasparow
1994: Russ Hamilton	1994: Garri Kasparow
1995: Dan Harrington	1995: Garri Kasparow
1996: Huck Seed	1996: Garri Kasparow
1997: Stu Ungar	1997: Garri Kasparow
1998: Scotty Nguyen	1998: Garri Kasparow
1999: J. J. "Noel" Furlong	1999: Garri Kasparow
2000: Chris Ferguson	2000: Wladimir Kramnik
2001: Carlos Mortensen	2001: Wladimir Kramnik
2002: Robert Varkonyi	2002: Wladimir Kramnik
2003: Chris Moneymaker	2003: Wladimir Kramnik
2004: Greg Raymer	2004: Wladimir Kramnik
2005: Joseph Hachem	2005: Wladimir Kramnik

2006: Jamie Gold	2006: Wladimir Kramnik
2007: Jerry Yang	2007: Viswanathan Anand
2008: Peter Eastgate	2008: Viswanathan Anand
2009: Joseph Cada	2009: Viswanathan Anand
2010: Jonathan Duhamel	2010: Viswanathan Anand
2011: Pius Heinz	2011: Viswanathan Anand
2012: Greg Merson	2012: Viswanathan Anand
2013: Ryan Riess	2013: Magnus Carlsen
2014: Martin Jacobson	2014: Magnus Carlsen
2015: Joe McKeehen	2015: Magnus Carlsen
2016: Qui Nguyen	2016: Magnus Carlsen
2017: Scott Blumstein	2017: Magnus Carlsen
2018: John Cynn	2018: Magnus Carlsen
2019: Hossein Ensan	2019: Magnus Carlsen
2020: Damian Salas	2020: Magnus Carlsen
2021: Koray Aldemir	2021: Magnus Carlsen
2022: Espen Jorstad	2022: Magnus Carlsen
2023: Daniel Weinman	2023: Ding Liren
2024: Jonathan Tamayo	2024: Dommaraju Gukesh

Es gibt also seit 1989 immer nur unterschiedliche Pokerweltmeister. Es gibt niemanden, der mehr als einmal Weltmeister wurde. Dies zeigt, dass Pokern nur auf Glück und Zufall basiert und Begriffe wie Können, Profi, Talent oder Experte hier nicht zutreffen. Würde es etwas mit Können zutun haben, gebe es viele Personen, die mehrmals Weltmeister geworden wären. Auf der anderen Seite gab es seit 1989 nur 6 verschiedene Personen, die Schachweltmeister wurden. Wenn man noch weiter in die Vergangenheit geht, sieht man, dass seit 1886 nur 18 verschiedene Personen Schachweltmeister wurden. Dies zeigt noch einmal, dass ein Siegen beim Glücksspiel rein gar nichts mit dem Spieler selbst oder seinen Kompetenzen zu tun hat.

Das gilt auch bei Sportwetten. "Wissen" kann bei Glücksspiel nicht zu Geld gemacht werden. Die Selbsteinschätzung ist zu hoch, jeder hält sich für einen Fußballprofi, obwohl auch einem Profi dieses Wissen bei Sportwetten nichts bringt. In einer Forschungsarbeit (Khazaal, Chatton, Billieux, Bizzini, Monney, Fresard, Thorens, Bondolfi, El-Guebaly, Zullino, Khan, 2012) tippten 55 Experten, 63 Amateure und 140 Laien die Ausgänge der ersten 10 Fußballspiele der EM 2008.

Dabei schnitten in der Kategorie “Korrekter Spielausgang“ die Laien am besten, die Amateure als Zweitbeste und die Experten am schlechtesten ab. Auch in der Kategorie “Korrekte Ergebnisvorhersage“ wurden die Experten nur zweiter, hier waren die Amateure die Besten und die Laien am Schlechtesten.

Trotz dieser Tatsache gehen jedoch viele Spieler davon aus, dass sie den Ausgang eines Glücksspieles kontrollieren können. Sie haben die Vorstellung, dass sie durch Knopfdrücke am Automaten das Ergebnis beeinflussen können. “Fast-Gewinne“ oder kleine Gewinne signalisieren ihm dabei, dass er es fast geschafft hat und sich noch etwas mehr “anstrengen“ muss, um den großen Gewinn zu ergattern. Der Spieler hat jedoch keinerlei Einfluss auf den Spielausgang. Die Ergebnisse sind vorprogrammiert.

Manipulationen und illegale Angebote

Auch Sportwetten sind ein Bereich der Glücksspielsucht. Vor allem diese erfüllen meist die Aufgabe der “Einstiegsdroge“ bei Jugendlichen. Der

Einstieg in die Sportwetten ist sehr einfach. Schon mit kleineren Einsätzen kann man per Internet, Handy oder Apps loslegen.

Im Bereich der Sportwetten werden überwiegend Fußballwetten (73%) abgeschlossen. Danach folgen Basketball (18%), Tennis (16%), Football (16%), eSports (11%), Boxen (10%) und Eishockey (10%) (Statista Consumer Insights, 2024).

Doch gerade in diesem Bereich sind Wettmanipulationen sehr verbreitet. Immerhin beträgt das Volumen des weltweiten Sportwettenmarktes Billionen Euro. Der weltweite Sportwettenumsatz für das Jahr 2022 wird auf 1,41 Billionen Euro geschätzt. Dabei fällt der größte Anteil auf folgende Ligen: UEFA Fußball Champions League 225 Mio. €, Englische Fußballliga Premier League 202 Mio. €, Amerikanische Footballliga NFL 138 Mio. €, Indische Cricketliga Premier League 135 Mio. €, Spanische Fußballliga La Liga 95 Mio. €, UEFA Fußball Europa League 91 Mio. €., Italienische Fußballliga Seria A 89 Mio. €, Deutsche Fußballliga

Bundesliga 85 Mio. € und die Amerikanische Basketballliga NBA 79 Mio. €. Pferde- und Hunderennen sind jedoch in diesen Daten nicht erfasst (Hoffmann, 2023, S.82ff).

Bei diesen großen Mengen ist die Wettmafia immer dabei. Man kann quasi für alle möglichen Spiele weltweit wetten, sogar für A-Jugendspiele, die vor 15-20 Zuschauern stattfinden (Best, 2013; Schnitzler, 2011). Der Datenanbieter Sportradar, das zahlreiche Verbände und Ligen auf der ganzen Welt überwacht, hat im Jahre 2022 in 92 Ländern insgesamt 1212 verdächtige Spiele in 12 verschiedenen Sportarten ausgemacht. Dies ist ein Anstieg von 34% gegenüber dem Vorjahr 2021. Bei verdächtigen Spielen handelt es sich um Spiele, bei denen eine Glücksspiel-Manipulation vermutet wird. Insgesamt sei laut dem Anbieter die Zahl der verdächtigten Spiele in den letzten Jahren angestiegen. Dabei betreffen 64% der verdächtigen Spiele den Fußballsport. 52% der verdächtigen Fußballspiele wurden unterhalb der beiden oberen Ligen gespielt. Hier scheinen die Spieler auf Grund von geringen Gehältern anfälliger für Bestechungen zu sein. Während 2021 695 Fußballspiele verdächtig wurden, stieg diese Zahl 2022 auf 775 Spiele. Beim Basketball ist der Anstieg noch rasanter. Hier stieg die Zahl von 2021 63 Spielen auf 2022 auf 220 verdächtigte Spiele. Im Jahre 2022 waren es beim Tennis 75, beim Tischtennis 62, beim E-Sport 36 verdächtige Spiele. Insgesamt gab es – wenn man Fußball nicht mitberechnet – 2019 130 verdächtigte Spiele, 2020 226, 2021 210 und 2022 437 Spiele. Dabei wurden 137 der verdächtigten Spiele in Europa festgestellt. 68 davon waren in Asien. Die Top-10 Länder der verdächtigten Spiele verteilen sich folgendermaßen: Brasilien 152, Russland 92, Tschechien 56, Kasachstan 43, China 41, Griechenland 40, Argentinien 39, Philippinen 37, Polen 36 und Thailand 35 (Hoffmann, 2023, S.82ff).

Auch Geldwäsche kommt im Glücksspielbereich nicht selten vor. Dabei werden illegale Gelder in scheinbar legale Einnahmen umgewandelt. Kriminelle kaufen dabei z.B. große Mengen an Spielchips oder Guthaben mit unrechtmäßig erworbenem Geld, spielen damit minimal und lösen den Rest als angebliche Gewinne wieder aus. In Glücksspielhallen wird oft ein höherer Umsatz gemeldet, um illegales Einkommen zu verschleiern. Die mangelnde Transparenz und die begrenzte Regulierung solcher Einrichtungen erleichtern es, die Herkunft des Geldes zu verschleiern und es als rechtmäßige Einnahme zu deklarieren.

Einnahmen durch Glücksspiel

Selbstverständlich verdient auch der Staat am Glücksspiel. Seit 1998 werden höhere Steuereinnahmen verbucht als über die Besteuerung des Alkohols (Bensel, 2006, S. 168). Der Gesamtumsatz des legalen Glücksspiels in Deutschland belief sich 2011 auf 32,5 Milliarden Euro. Für den Staat blieben davon 3,02 Milliarden Euro übrig (Meyer, 2013). 2016 stieg der Gesamtumsatz im Bereich des staatlich regulierten Glücksspiels auf 45 Milliarden Euro. Der Staat erhielt 4 Milliarden Euro Steuereinnahmen, inkl. dem nichtreguliertem Markt sind es Steuereinnahmen in Höhe von ca. 6 Milliarden Euro (Meyer, 2018). Die Glücksspielindustrie hat 2016 mehr als 200 Millionen

Euro für Werbung ausgegeben. Das ist ein Anstieg von mehr als 40% als im Vorjahr. Gegenwärtig wird man immer und überall mit Glücksspiel konfrontiert (Games Business Online, 2016), insbesondere im Sportbereich. Dies führt zur sozialen Akzeptanz und zur Normalisierung. So leisten große Glücksspielunternehmen Parteispenden oder erhalten nationale Arbeitgeberpreise.

Die Glücksspielindustrie argumentiert immer wieder damit, dass sie ein legales Angebot macht, um die Nachfrage des Spieltriebs zu bedienen und damit Spieler nicht in den illegalen Bereich "rutschen". Doch bei näherem Hinsehen wird deutlich, dass diese Nachfrage erst durch die Angebote der Glücksspielindustrie entsteht. Diese setzten Anreize und generieren durch die Angebote eine Nachfrage.

Für den illegalen Online-Glücksspielmarkt schätz man den Gesamtumsatz auf eine Milliarde Euro. Im Bereich des Online-Pokers ist Deutschland mit knapp 392 Millionen US-Dollar auf Platz 2 weltweit (BZgA,

2014, S. 20). Die genaue Zahl ist selbstverständlich unbekannt und dürfte viel höher liegen.

Im Unbekannten ist auch die Glücksspielsucht unter Migranten in Deutschland, wo doch weltweit Migration einen großen Einfluss auf diese Art von Sucht hat. Daher soll in dieser Arbeit dieses Spektrum durchleuchtet werden. Im Fokus stehen dabei die Menschen mit türkischen, arabischen und kurdischen Wurzeln, die zu der größten Gruppe von Migranten in Deutschland gehören. Sehr ähnlich verläuft auch die Suchtproblematik unter anderen Migranten. Jedoch soll hier der Fokus auf diesen Communitys liegen. Deutlich werden sollte aber, dass es sich hier nicht allgemein um eine Kultur oder alle Menschen aus einer bestimmten Kultur handelt, sondern explizit um Glücksspielsüchtige in Deutschland.

2.0 Das Suchtproblem

Gerade wenn es um Abhängigkeiten geht, ist der Einfluss von Gruppendynamik sehr hoch. Die Umwelt (Freunde etc.) spielen eine bedeutende Rolle bei der Entwicklung einer Sucht. So ist es auch bei Glücksspielsucht.

Gesundes Selbstvertrauen, Soziale Kompetenzen oder auch Kommunikationsfähigkeit sind Faktoren, die vor Sucht schützen können. Negatives Selbstwertgefühl, schulische oder berufliche Probleme oder psychische Belastungen wiederum führen schnell dazu, dass man nach "Ablenkungsdrogen" greift. Die Substanzen lenken für einen Moment von den eigentlichen Problemen hat, doch sobald dieser Moment zu Ende ist, sind die Probleme wieder da; mehr noch: Es gibt dann ein weiteres Problem: die Sucht.

Glücksspielsucht führt auch zu vielen anderen individuellen und sozialen Problemen und beeinträchtigt meist die gesamte Familie. Nicht selten begegnet man Problemen wie Selbstmordgedanken, hohen Verschuldungen, Verlust des sozialen Umfelds oder psychische Probleme.

Daher ist es notwendig, dass Glücksspielsüchtige eine umfassende Beratung erhalten. Sowohl die sozialen als auch die psychischen Folgen müssen im Fokus der Behandlung berücksichtigt werden.

Annahme von professioneller Hilfe

Man geht davon aus, dass nur bis zu 10% aller Glücksspielsüchtigen eine professionelle Hilfe in Anspruch nehmen. Und diese meistens mit einer langen Problemdauer vor der Kontaktaufnahme. In der Regel sind 5 bis 10 Jahre vergangen, bis Hilfe gesucht wird.

Da anscheinend das Hilfeangebot so spät wahrgenommen wird, ist es sinnvoll niedrigschwellige Angebote zu erweitern. Betroffene sowie Angehörige müssen die Gelegenheit haben, früh, schnell und unkompliziert das Hilfesystem in Anspruch zu nehmen.

Insbesondere telefonische Glücksspielsuchtberatungen haben sich hier als wichtige Säulen erwiesen. Die Möglichkeit, anonym eine Hotline anzurufen und beraten zu werden, ist ein erster wichtiger Schritt in die Behandlung[4] (Füchtenschnieder-Petry, Hayer, 2012).

Glücksspielarten

Obwohl es viele (bundeslandabhängige) Auflagen für Spielhallen und Automaten gibt, z.B. Abstand, Anzahl, Werbung, Sperrlisten, gibt es in Deutschland über 235.000 Automaten (Viewe, 2011, S. 13ff). Besonders Glücksspielautomaten in Gaststätten sind leicht zu erreichen und eröffnen dadurch das Risiko, süchtig zu werden.

45% der ca. 15000 Teilnehmer an der repräsentativen PAGE-Studie hatten innerhalb des Jahres mindestens einmal Glücksspiel gespielt. 72% sagten aus, dass sie mindestens einmal im Leben gespielt haben (Meyer et al., 2011). Dies deckt sich auch mit anderen

[4] Dies wird auch an Hand der Statistiken am Ende deutlich.

Studien, in denen 40,2% der Befragten innerhalb von 12 Monaten mindestens einmal gespielt haben (BZgA, 2014, S. 9).

Glücksspiele wie Lotto oder Totto werden immer weniger gespielt. 2011 spielten 31,5% und 2013 nur noch 25,2% diese Art von Glücksspielen. Dafür steigt der Anteil der Automatenspieler. Unter den 18- bis 20-jährigen Männern spielten 2007 nur 5,8% Automaten. 2013 stieg diese Zahl auf 23,5%. 9,2% dieser Altersgruppe werden als Glücksspielsüchtig eingestuft (BZgA, 2014, S. 7, 57). Die überwiegende Mehrzahl der Glücksspielsüchtigen sind Automatenspieler. Dies kann auch damit zu tun haben, dass Automaten schneller abhängig machen, da die Spieldauer sehr kurz ist und dadurch das Spiel immer wieder wiederholt wird, während man z.B. bei Lotto mehrere Tage auf das Ergebnis warten muss.

In den Fokus kommen gegenwärtig auch eSports, Live-Wetten bei Sportveranstaltungen und Date-Trading

(Aktien als Glücksspiel), die ebenfalls sehr schnell süchtig machen können.

Neue Entwicklung zeigen, dass auch simuliertes Glücksspiel in sozialen Netzwerken oder Apps ebenfalls zu Glücksspiel führen. So gibt es in kostenlosen Spiele-Apps zahlreiche Glücksspielelemente.

Typus der Spielsüchtigen

In Deutschland gibt es ca. 4,6 Millionen Erwachsene, die entweder schon spielsüchtig sind oder erste Symptome einer Sucht aufzeigen. Dabei haben ca. 1,3 Millionen Menschen eine Glücksspielstörung (Schütze, Kalke, Möller, Turowski, Hayer, 2023). Das sind 1,54% der Bevölkerung[5]. 80% der Süchtigen sind männlich. Laut einer Studie seien insbesondere männliches Geschlecht, niedriger Bildungsabschluss, Arbeitslosigkeit und Migrationshintergrund Risikofaktoren für Problemspielverhalten (BZgA, 2014,

---

[5] Im Vergleich (Müller et al., 2013): Schweiz 0,5% (Bondolfi et al., 2008), Schweden 1,4% (Volberg et al., 2001), Spanien 1,7% (Becona, 1993).

S. 8, 11, 21, 106, 108, 161). Das Geschlecht männlich hat ein ca. 2,7%-fach erhöhtes Risiko, Migrationshintergrund ca. 3,7%, Arbeitslosigkeit ca. 6,5%, niedriger Bildungsabschluss ca. 3,8% (BZgA, 2014, S. 107).

Dass die überwiegenden Glücksspielsüchtigen männlich sind, zeigt, dass dies eine Männerwelt ist. Nur wenige Frauen[6] bewegen sich in dieser Machowelt, in die sich die Männer zurückziehen können. Hier gibt es Einfachheit und klare Regeln, der Automat hat "Struktur". Er wird zu einem Freund, den man kontrollieren kann. So ist dies für viele Männer ein Ort des Rückzugs. Wenn sie vor dem Automaten sitzen, sind sie wie im Tunnel, „in the Zone" nennt es Natasha Dow Schüll (2012). Ihr Blick ist stur nach vorne gerichtet. Es gibt keine Kommunikation. Sie vergessen alles und konzentrieren sich nur auf die Knöpfe und blinkenden Lichter. Vergeblich versuchen sie, dass verlorene Geld wieder zurückzugewinnen. Oft ist es so, dass Männer Geld mit Macht und Ansehen verbinden. Frauen sind

---

[6] Auf Grund von Onlinemöglichkeiten steigt jedoch die Zahl der weiblichen Spieler.

ambivalenter. Wenn Frauen spielen, dann spielen sie weniger und vorsichtiger. Männer dagegen spielen viel und werden schneller süchtig.

Zudem wird der Erstkontaktalter mit Glücksspielen immer jünger. Trotzdessen erreicht man in der Beratung oder Therapie wenig Jugendliche. Dies hat verschiedene Gründe. Zum einen strukturelle Gründe, da es Angebote speziell nur für Jugendliche nur wenig gibt, zum anderen liegt es am "Jugendsein". Für viele Jugendliche ist die Wahrnehmung eines Suchtproblems viel niedriger und insgesamt verzerrt. Man sieht es nicht als Sucht oder Krankheit an. Das Problembewusstsein fehlt. Die Leidenszeit noch gering. Es gibt keinen großen Leidensdruck, da der Verlust beim Glücksspielen keine existentiellen Probleme mit sich bringt. Zudem haben sie bestimmte Schamgefühle, so dass ein "Outing" als Glücksspieler schwierig ist. Durch ein Outing gebe es als Jugendlicher viele Personen, denen man Rechenschaft ablegen müsste. Dies führt zur Angst vor Stigmatisierungen. Auch ist es für viele Jugendliche ungewohnt, über sich, Gefühle oder eine Sucht mit einem unbekannten zu reden. Dies alles führt dazu, dass eine Spielsucht viel lieber verheimlicht wird.

Im Vergleich zu Menschen ohne Migrationshintergrund berichten Migranten eher weniger von Erfahrungen mit Glücksspiel, spielen eher Dauer-Quiz, Poker, Oddset, bestimmte Sportwetten sowie Toto, haben im Laufe ihres Lebens eine höhere Prävalenz und Chance für Glücksspielsucht und erfüllen fast alle Kriterien für Glücksspielsucht häufiger (Meyer et al., 2011). Und die Tendenz ist steigend.

2020 hatten schätzungsweise 60% der Glücksspielsüchtigen einen Migrationshintergrund. 2013 betrug diese Zahl noch 44,1% und 2011 31,2% (BZgA, 2014, S. 107ff). Bei der Inanspruchnahme von Rehabilitationsleistungen jedoch sind ausländische Versicherte unterrepräsentiert. Nur 5,7% nahmen eine stationäre Rehabilitationsleistung und nur 4% eine stationäre Entwöhnungsbehandlung in Anspruch (VDR, 1996; Bensel, 2006, S. 168). Bätz (2002) schätzt den Anteil der Spielsüchtigen unter den Migranten auf 3-5%.

Unter den Migranten sind vor allem auch türkische Migranten[7] von der Spielsucht besonders betroffen[8]. So ergab eine Untersuchung von 51 Drogen- und Suchtberatungsstellen, dass unter den 702 nicht-deutschsprachigen Klienten die meisten türkischer Herkunft waren: Türkisch (34,2 %), Polnisch (19,9 %), Italienisch (9,7 %), Russisch (9,1 %), Arabisch (5,1 %), Spanisch (3,3 %) und Kroatisch (3,3 %) (Meyer, Bachmann, 2011, S. 244). Eine andere Studie ergab, dass 16% der Spielsüchtigen Ausländer sind und davon mit Abstand die größte Gruppe mit 7% die Türken bilden (Bühringer, Türk, 2000). In einer Studie, bei der 5009 Schüler im Alter von 13 bis 19 befragt wurden, waren 21,9% der türkischen Schüler mit deutlichem Abstand vor allen anderen Gruppen Problemspieler (Schmidt,

---

7 Wenn ich von türkischen Migranten oder türkischen Glücksspielsüchtigen spreche, meine ich Menschen, die selbst, ihre Eltern oder Großeltern aus der Türkei nach Deutschland gekommen sind. Es ist also damit nicht insgesamt die türkische Kultur oder gar die Türken in anderen Ländern gemeint.

8 Man kann davon ausgehen, dass auch Menschen mit Fluchthintergrund ein hohes Risiko für Glücksspielsucht haben, da sie viele der Risikofaktoren haben. Daher wird in der Zukunft auch dieses Thema sicherlich in den Fokus von Forschung und Beratung geraten.

Kähnert, 2003, S. 91ff). Auch in anderen Studien wird diese Tatsache bekräftigt (Kreuzer et al., 2012; Müller et al., 2013; Petry, 1998; Schu et al., 2010).

Sowohl bei Migranten als auch bei deutschen Spielsüchtigen handelt es sich überwiegend um jüngere, männliche Geldspielautomatenspieler. Unterschiede zeigen sich darin, dass Migranten etwas älter und familiär bzw. partnerschaftlich stärker eingebunden sind und häufiger Casino- oder Kartenspiele ausüben (DHS, 2013, S.123).

Gründe fürs Spielen

Gründe für das Spielen können sehr vielfältig sein. Laut Ceylan (2006, S. 225ff) sind es meist Strategien um Bedürfnisse wie Spannung, Nervenkitzel, Flucht aus dem Alltag, Erregung, Wohlbefinden, Stimulation, Euphoriegefühle, Selbstwertgefühl, Machtphantasien, Erfolgserlebnisse zu befriedigen oder eine Ventilfunktion, um Stress zu kompensieren, Langeweile entgegenzuwirken, Entspannung und Entlastung zu fühlen, kurzfristige Erleichterung von

Ängsten und Unsicherheiten zu erlangen und für eine kurze Zeit die als belastend empfundene Außenwelt abzuschalten. Tuncay (2010) teilt dies in narzisstische (Bedürfnisse nach Erfolg, Macht, Bedeutung, Überlegenheit, Kontrolle und Erregung) und depressive Motive (Bewältigung von Frustrationen und Problemen). Trotz steigender Verluste wird die Strategie des Spielens fortgeführt. Dies ist auf kognitive Prozesse zurückzuführen, die sich durch eine verzerrte Wahrnehmung der Realität auszeichnen: „Die Kontrollillusion, unrealistische, nicht an tatsächlichen Wahrscheinlichkeiten orientierte Gewinnerwartungen, die wechselnde Zuweisung der Verantwortlichkeit bei Gewinn und Verlust und die Gefangennahme durch die einmal gewählte Strategie“ (Meyer, 2000, S. 4ff) führen zu falschen Wahrnehmungen. Wenn die Spielintensivität zunimmt, wird Geld nur noch als Spielkapital gesehen. Das Spielverhalten wird zu einem Gewöhnungsstadium und entwickelt dann eine Eigendynamik. Letztendlich wird die Kontrolle über dieses Verhalten verloren und es kommt zu Persönlichkeitsstörungen und sozialem

Abstieg (Ceylan, 2006, S. 228; vgl. Meyer, Bachmann, 1993, S. 31ff).

Bei Glücksspielen wird der Belohnungseffekt im Gehirn ausgelöst. Dopamin wird erzeugt. Egal, ob man gewinnt oder verliert, die Belohnungsemotion ist schon vor der Teilnahme da. Die Vorfreude erzeugt dies bereits. Dass heißt, die Dopaminausschüttung findet schon vor dem eigentlichen Ereignis statt. Glücksspieler belohnen ihr Gehirn mit dem Spielen schon vor dem Spielen.

Es wird also gespielt, um positive Gefühle zu wecken und von negativen Belastungen abzulenken. Falls dann ein Gewinn erzielt wird, wird weitergespielt, um das positive Gefühl wieder zu bekommen oder zu erhalten. Aber auch bei einem Verlust wird weitergespielt, um die Frustration wieder abzubauen.

Laut Petry (1998, S.166ff) bildet ein negatives Selbstwertgefühl eine Anfälligkeit zur Entwicklung einer Glücksspielsucht. Dieses negative Selbstwertgefühl wird umschrieben als innere Leere oder Nichts. Zu einem solchen Selbstwertgefühl führen z.B. frühkindliche Schädigungen. Besonders häufig findet man bei Glücksspielsüchtigen in diesem Zusammenhang eine gestörte Beziehung zum Vater, der häufig abwesend und als autoritär oder gegenteilig als schwach erlebt wurde. In Kombination von Selbstwertproblematik und familiär erfahrenen emotionalen Vernachlässigungen entsteht eine Angst vor individuellem Versagen und sozialer Ablehnung. Dadurch werden reale Konflikte vermieden. Damit negative Erlebnisse nicht mehr erlebt werden müssen, bietet sich das Glücksspielverhalten als Spannungsabbau an. „Der Geldautomatenspieler sucht die ungestörte Rückzugsmöglichkeit, um diese inneren Erlebnisprozesse allein mit dem Automaten als fiktiven Bezugspartner auszutragen" (Petry, 1998, S. 169). Das Glücksspiel soll dann das Selbstwertgefühl steigern, in dem positive Gefühle erlebt und negative Gefühle vermieden werden. Im weiteren Verlauf werden die Folgen der Sucht ausgeblendet, so dass keine anderen Optionen zur Verfügung stehen. Dann gibt es keine Alternative mehr und die Sucht wird größer und intensiver.

Zudem haben Glücksspielsüchtige meist weitere belastende Probleme. Laut der PAGE-Studie geben 95,5% an, dass sie weitere Störungen haben: affektive Störungen 61,1% (davon 57,2% depressive Episoden und 37,1% Angststörungen), zusätzliche substanzgebundene Abhängigkeiten 89,9% (davon 54,9% Alkohol und 22,5% illegale Substanzen) aber auch Persönlichkeitsstörungen 35,3% (Meyer et al., 2011). Zudem zeigt sich, dass Delinquenz häufiger auftritt und Häftlinge häufig u.a. auch Glücksspielsucht haben (Müller et al., 2013).

Therapie und Rückfall

Als Therapieformen bieten sich Einzel- oder Gruppentherapie an. Sowohl ambulante als auch stationäre Betreuung ist möglich. Selbsthilfegruppen sind zudem schnelle Wege, um einen ersten Behandlungseinstieg zu garantieren, da sie einen niedrigschwelligen Zugang möglich machen. In Glücksspielsucht-Kliniken trifft man auf unterschiedliche Methoden der Behandlung, die Zielperson orientiert ausgewählt werden. Je nach Situation sind z.B. auch Therapien mit Pharmamitteln möglich. Ausschlaggebend für die Wahl der Methode ist, ob das Glücksspiel als Abhängigkeit oder Neurose eingestuft wird.

Die Rückfallquote bei Glücksspielsüchtigen beträgt ca. 50%. Dies ist bei anderen Süchten nicht anders. Vor allem in Krisensituationen ist der Suchtdruck am höchsten. So bezeichnen sich Glücksspielsüchtige als "immer süchtig", da das Suchtgedächtnis immer aktiv ist. Wenn sie in bestimmten Situationen bestimmte Reize wahrnehmen, fallen sie in alte Muster zurück und können auch nach Jahren wieder Spielen. Doch der Gedanke, „Einmal süchtig – Immer süchtig" bestätigt sich nicht. Sucht ist erlernt und kann auch wieder verlernt werden. Laut Custer und Milt (1985; Meyer, Bachmann, 2011, S. 247) seien daher fundamentale Änderungen in Verhalten, Gefühlen, Einstellungen und in der Persönlichkeit nötig, um wirklich nie wieder zu spielen.

3.0 Glücksspielsüchtige mit Migrationshintergrund

Der Autor dieser Zeilen bietet Familienberatung für Migranten in einem Kreis mit 13 Städten und Gemeinden an. Das viert-häufigste Thema, warum die Beratungsstelle aufgesucht wird, ist Glücksspielsucht.

Der überwiegende Anteil der Glücksspielsüchtigen in der Beratung ist männlich und die Spieler befinden sich im Alter von 30-40 Jahren. Die Spieldauer, wenn sie zur Beratung kommen, beträgt durchschnittlich 7-10 Jahre. Meist sind es verheiratete Männer mit einem geringen ökonomischen Status. Fast alle geben an, dass sie Automaten in Spielhallen spielen. Interessant ist, dass sehr viele Spielhallen in Deutschland mehrsprachig sind: deutsch, türkisch, arabisch, kurdisch, polnisch und russisch. Während man sonst im Alltag nirgends auf diese Sprachen stößt, bedienen sich

Spielhallen dieser Sprachen. Dies zeigt, wie hoch der Anteil der Migranten ist[9].

Zudem zeigt sich, dass wenn Migranten spielen, sie dann viel spielen. Sie spielen dann Spiele, die schneller abhängig machen und sind dann auch in der Tat schneller abhängig.

Generationenunterschied

Um die Glücksspielsucht unter Migranten in Deutschland analysieren zu können, bietet sich eine differenzierte Betrachtung an. Die Unterscheidung in Generationen lässt dieses Phänomen besser analysieren und verstehen[10].

Die Spieler der ersten Generation, also die ersten Gastarbeiter, die in den 60´er und 70´er Jahren nach

---

[9] Viele Spieler berichten auch, dass sie in die Spielhallen gehen, weil es dort kostenlosen Kaffee gibt. Zudem werden sie beim Spielen am Automaten ständig mit Snacks bedient. So steigert sich ihr Selbstwertgefühl und sie fühlen sich wohl in der Spielhalle. Sie sind hier willkommen und werden akzeptiert.

[10] Selbstverständlich sind auch diese Kulturen nicht homogen, daher sollten hier keine Verallgemeinerungen heraus interpretiert oder herabgeleitet werden.

Deutschland kam, spielen eher in den sogenannten Cáfes. Meist sind es traditionell Spiele wie Okey oder Kartenspiele, die gespielt werden. Dabei geht es zunächst um kleinere Summen an Geld. Für die Spielhallen ist diese Klientel zu alt.

Als die erste Generation merkte, dass sie nicht schnell wieder in die Heimat zurückkehren werden, holten sie im Zuge der Familienzusammenführung ihre Familien nach Deutschland. Diese zweite Generation spielt eher Automaten in Spielhallen. Mit dem Spielen angefangen haben sie jedoch meist in den Cafés. Irgendwann reichte dort die Einsatzmenge oder der Kick nicht mehr aus, so dass sie in die Spielhallen wechselten. Um nicht erkannt zu werden, werden gerne Spielhallen in der weiten ferne gesucht. Die Spielhallen sind zu dem öfters Treffpunkte für diese Generation. Sie sind wie Insel, um zu fliehen und mit gleichgesinnten zusammenzukommen. Auch dass sie in der Mehrheitsgesellschaft Diskriminierung erleben, verstärkt den Treffpunktcharakter der Spielhallen, wo sie keine Ausgrenzung erleben. Viele Männer nutzen diese Orte daher als Treffpunkte – ähnlich wie die Cafés - und kommen mit Glücksspielautomaten in Berührung. Da meist Glücksspielautomaten in der alten Heimat verboten sind, sind sowohl die Geräte aber auch die Gefahren für die Spieler völlig unbekannt.

Die dritte Generation, also die erste Generation, die in Deutschland geboren und sozialisiert wurde, spielte zunächst im Internet Onlinespiele und danach Automaten in Spielhallen oder Gaststätten. Diese Generation hat das Spielen teilweise ebenfalls durch die Cafés kennengelernt. Wenn nachts der Vater immer noch im Café war, schickten die Mütter die Söhne ins Café, um den Vater dort "abzuholen". Meist sahen sie dort schon im jungen alter ihre Väter spielen, so dass Glücksspiel für sie zur Normalität wurde. Es war nichts Verwerfliches dabei. Das Spielen des Vaters wurde letztendlich toleriert. Auffällig ist daher, dass bei Denjenigen, deren Väter im Café gespielt haben, das Risiko zur Entwicklung von Spielsucht am höchsten ist.

Die vierte Generation, die junge Generation, spielt (noch) nicht in den Spielhallen, jedoch ausgiebig Sportwetten. Diese sind unter den Jugendlichen mit Migrationshintergrund erheblich verbreitet und wird nicht selten nicht als Glücksspiel wahrgenommen. Dadurch werden das Risiko und die Suchtgefahr unterschätzt. Das gilt sowohl für die spielenden Jugendlichen als auch für deren Eltern. Die Sportwettbüros sind dann, wie für die Eltern die Cafés, ein Treffpunkt für Jugendliche, in denen sie zusammen Fußball schauen und sich gegenseitig für Glücksspiele motivieren.

Meist beginnt der Spielwerdegang mit Sportwetten, wird im Internet weitergeführt und endet dann in der Spielhalle. Gespielt wird im Internet überwiegend Poker oder Sportwetten. Vor allem das Spielen im Internet nimmt immer schneller zu, da der Zugang anonymer, einfacher und schneller ist und für die Spieler damit am wenigsten Kontrollmechanismen vorhanden sind. Ein weiteres großes Risiko ist im Spielen im Internet gegeben, da durch den bargeldlosen

Zahlungsverkehr der Verlust des Geldes für Spieler nicht deutlich gesehen wird.

Yaldir hält fest, dass bei türkischen Spielern weder der Islam als Religion noch die Umstände der türkischen Community zur Sucht führen. Vielmehr stellt er folgende Einflussfaktoren fest: Migration als einschneidendes Ereignis, innerer Kulturkonflikt zu welcher Kultur man gehört, "Spielkultur" – gesellschaftlich anerkanntes Spielen, inhaltsarme Freizeitgestaltung, Bildungsarmut – nicht nur formal, Bild des Mannes und seine Rolle in der traditionellen Familie, geringere Sensibilität, die Spielsucht als Krankheit zu erkennen, was die Öffnung zur Inanspruchnahme therapeutischer Maßnahmen verzögert (Yaldir, 2012, S. 54, 57).

3.1 Einfluss der Migration

Glücksspiel wird in den verschiedenen Kulturen und Religionen unterschiedlich bewertet. Um 1700 wurde das Glücksspiel in der Predigt- und Moralliteratur als Verführung und sündige Erniedrigung bezeichnet. Es gab jedoch auch Befürworter, die es mit Lust und Lebensfreude in Verbindung brachten. Der strenge Protestantismus und der Islam[11] lehnen das Glückspiel ab. Im Judentum gibt es eine stillschweigende Zustimmung und in der katholischen Sittenlehre ist eine gewisse Toleranz vorhanden. Der Staat selbst wiederum toleriert, fördert und in gewissen Maßen kontrolliert das

---

[11] Hierzu im Koran: „Sie fragen dich über Wein und Glücksspiel. Sprich: «In beiden ist großes Übel und auch Nutzen für die Menschen; doch ihr Übel ist größer als ihr Nutzen.»“ (2:219), „O die ihr glaubt! Wein und Glücksspiel und Götzenbilder und Lospfeile sind ein Gräuel, ein Werk Satans. So meidet sie allesamt, auf dass ihr Erfolg habt. Satan will durch Wein und Glücksspiel nur Feindschaft und Hass zwischen euch erregen, um euch so vom Gedanken an Allah und vom Gebet abzuhalten. Doch werdet ihr euch abhalten lassen?“ (5:90-91). Wenn sich die Glücksspieler Glück wünschen, sagen sie „Der Teufel sei mit dir!“, was noch einmal verdeutlicht, dass es als eine “Teufelsangelegenheit“ wahrgenommen wird. Viele Muslime geraten dadurch in einen Identitätskonflikt, wenn sie spielen, und entwickeln Schuldgefühle.

Glücksspiel (Ceylan, 2006, S. 221ff; Zeier, 1992, S. 129ff). Kulturwissenschaftliche Studien belegen, dass in den Kulturen (z.B. chinesisch), in denen Glücksspiel angeregt wird, die Suchtanfällig viel höher ist als in Kulturen (z.B. muslimisch[12]), in denen Glücksspiel verboten ist (Raylu, Oei, 2004; Meyer, Bachmann, 2011, S. 108).

Zudem zeigen Studien, dass Migration (egal aus welcher Kultur man kommt) einen besonders hohen Einfluss auf Glücksspielsucht hat (Petry, 2005; Whelan et al., 2007). Glücksspieler mit Migrationshintergrund haben ein besonders hohes Risiko zur Entwicklung von Spielsucht. Migrationsspezifische Faktoren wie soziokulturelle Besonderheiten oder spezifische psychosoziale Belastungsfaktoren führen dazu, dass Migranten weltweit schneller zu Glücksspiel greifen und süchtig werden. „Im Falle der Migration erhöht die Anpassung an fremde geistige und materielle Kulturgüter

[12] Ein Grund unter vielen, warum Glücksspielsucht trotzdem häufiger unter muslimischen Migranten in Deutschland verbreitet ist, ist die Möglichkeit, es länger geheim halten zu können, als andere Süchte, die viel schneller bemerkt werden.

die Wahrscheinlichkeit des Spielens, sofern die Kultur des Einwanderungslandes hohe Akzeptanz besitzt und Glücksspiele praktiziert werden; zumal die Migration mit Stressoren, wie kulturellen Konflikten, Minderheitenstatus, sozialen Veränderungen, Sprachproblemen und dem Mangel an verwertbaren Fähigkeiten, verbunden ist“ (Meyer, Backmann, 2011, S. 108). Veränderungen durch die Migration können zu Einsamkeit, Orientierungslosigkeit, Entwurzelung, Identitätskrisen, Schuldgefühle, Verlust an Sicherheit und Gewissheit, Sozialer Abstieg, Diskriminierung oder verfehlte Lebensplanung führen und diese dann oft zu Drogen, Alkohol oder Glücksspiel.

Einen weiteren wichtigen Grund dafür, dass Migranten häufiger anfällig sind, nennt Tuncay (2010) die Messung des Migrationserfolgs an externalisierte materielle Werte. Nach Deutschland kamen als Gastarbeiter ungelernte, meist in Armut und auf dem Lande lebende Menschen. Die Auswanderung nach Deutschland war Verknüpft mit der Hoffnung materiellen Reichtum zu erlangen. Zudem wollte man die

Daheimgebliebenen in der Heimat mit dem in Deutschland verdienten Geld finanziell unterstützen. Auf Grund dieses konsumorientierten Statusverhaltens wird die Anhäufung von Statussymbolen als Erfolg gesehen, dies wiederum führt zu Ansehen, Stolz und Ehre. Wenn diese Komponenten nicht auf andere Wege herbeigeführt werden können, erscheint das Glücksspiel als ein schnelleres und einfacheres Mittel zum Zweck.

Es hat sich herausgestellt, dass türkische Glücksspielsüchtige die meisten Suchtanzeichen (siehe Definition von DSM) zeigen (Meyer et al., 2011). Dies kann natürlich auch damit zu tun haben, dass türkische Menschen Belastungen, Krankheiten und Sorgen ganz anders wahrnehmen als der europäische Durchschnitt. Im türkischen gibt es ein ganzheitliches Gesundheitsverständnis. Leidet man an einer Krankheit ist gleich alles “krank“. Es steht also immer der gesamte Mensch – körperlich, seelisch und auch das Soziale - im Vordergrund und nicht nur bestimmte Körperteile (Şahinöz, 2013, S. 59ff).

Die Glücksspielbetreiber sind sich der Tatsache, dass Migranten anfälliger sind, anscheinend bewusst, so dass viele Spielhallen und Wettbüros vor allem in Ballungsgebieten mit überwiegend Migranten eröffnet werden. In sozial schwachen Stadtteilen versuchen die Betreiber die Zielgruppe anzusprechen, die sowieso schon in Armut lebt, aber hofft mit wenig Einsatz großes Geld zu gewinnen.

Typischer Verlauf

Der Einfluss der Migration widerspiegelt sich auch in den Erzählungen in der Familienberatung oder der türkischsprachigen Glücksspielsuchthotline. Zwei typische Verläufe[13] sollen hier skizziert werden[14]: „Ich bin in der Türkei geboren. Da hatte ich noch nie gespielt. Ich habe sogar Glücksspieler getadelt. Dann habe ich eine Frau aus Deutschland geheiratet und bin nach Deutschland gekommen. Ich bin also einer der

---

[13] Generell beginnt die Sucht nicht mit dem ersten Spielen, sondern hat eine längere Konfliktbiographie dahinter, die zum Spielen und zur Sucht führt (Suchtbiographie).

[14] Ähnliche Erzählung findet man bei Bensel und Tuncay (2013, S.156ff).

sogenannten “İthal Damats“ (Import Bräutigame). So nennt man uns in der türkischen Community. Nun, als ich nach Deutschland kam, kam ich mit Zielen, Hoffnungen und Träumen. Jedoch wurde ich zutiefst enttäuscht. Ich war zwar unter meinesgleichen, aber das war nicht, was ich erwartet hatte. Die türkische Kultur in Deutschland ist ganz anders als die türkische Kultur in der Heimat. Ich verfiel in Einsamkeit und Fremde. Da ich kein deutsch sprach hatte ich auch keine Arbeit. Ich kam mir nutzlos vor. Was blieb mir also übrig, als mich in die türkischen Cafés zurückzuziehen? Wo anders konnte ich ja nicht hin. Viele Alternativen gibt es nicht. In den Cafés hat man wenigstens Gesellschaft. Lernt neue Menschen kennen. Das war auch der Grund, warum ich da erst hinging. Es ging mir gar nicht ums Spielen. Aber je länger man da ist, fängt man automatisch mit dem Spielen an. Man sitzt da am Nebentisch und spielt dann selbst irgendwann mit. Eigentlich will man das am Anfang gar nicht. Dann sagt man sich irgendwann ′Komm, was soll schon passieren? Es wird um ein paar Cents gespielt. Außerdem spielen die anderen ja auch.′ Und ehe man überhaupt versteht was los ist, wird man schnell abhängig davon. Dann möchtest du jeden Tag dahin und spielen. So war es bei mir auch. Ich ging jeden Tag hin und zockte bis in den Morgen. Doch irgendwann reichte das nicht mehr aus. Außerdem sind das alles Leute, die man kennt, auch mal privat außerhalb des Cafés trifft. Also ging ich mit einem anderen Freund, der ebenfalls mit im Café spielte, in eine Spielhalle. Spielhallen kannte ich vorher nicht. Ich weiß gar nicht, ob es Spielhallen in der Türkei gibt[15]. Auch in der Spielhalle wurden wir schnell zu Stammkunden. Ins Café gingen wir dann gar nicht mehr. So begann meine Sucht. Bzw. sie begann eigentlich schon im Café, doch hier nahm sie unglaublich schnell zu. Ich verspielte alles. Wirklich alles. Mein ganzes Monatsgehalt landete immer in der Maschine. Ich hatte hohe Schulden. Wenn die Bank nichts mehr gab, besorgte man sich das Geld anders. Zu Hause kriselte es jeden Tag. Jeden Tag musste ich eine neue Lüge erfinden, jeden Tag musste ich schnell wieder aus dem Hause. Ich schämte mich auch.

[15] Sowohl Spielhallen als auch Glücksspielautomaten sind in der Türkei verboten. Traditionell werden Pferdewetten und Sportwetten gespielt. Die reiche Oberschicht spielt in Casinos im benachbarten Zypern.

Langsam merkte ich, dass ich nicht nur Geld, sondern auch andere Sachen, wie Familie, Freunde, Vertrauen verlor. Doch auch wenn ich wollte, ich konnte einfach nicht mehr aufhören. Es zog mich immer etwas in die Spielhalle. Letztendlich habe ich meine Familie verloren. Meine Frau hat sich scheiden lassen. Die Kinder hat sie mitgenommen. Dieser Automat, in dem ich alles reingeworfen habe, hat nicht nur mein Geld, sondern mein ganzes Leben geschluckt. Ich schäme mich furchtbar. Ich fühle mich jeden Tag so, als hätte ich diese Maschine meiner Familie vorgezogen. Jeden Tag verfluche ich die Spielhalle und doch kehre ich wieder zurück. Zu meiner Familie aber kann ich nicht mehr zurück.“

Die Importbräutigame kommen also mit großen Hoffnungen und Erwartungen nach Deutschland. Ihre Erwartungen werden schnell enttäuscht, da die Kultur, die sie in Deutschland auffinden, nicht die Kultur ist, die sie aus dem Heimatland kennen. Hinzu kommt, dass sie auf Grund der fehlenden deutschen Sprache nicht arbeiten können. Wenn es dann die Ehefrau ist, die arbeiten geht und die Familie ernährt, fühlen sich viele Männer nutzlos. Sie fühlen sich dann einsam, haben Sehnsüchte, keine Perspektiven und suchen eine Ablenkung für ihre Probleme. Zunächst landen sie im türkischen Café. Doch hier sind nur Menschen aus der ersten Generation. Die sind meistens viel älter als die Importbräutigame. In der Spielhalle jedoch trifft man auf Gleichgesinnte, mit gleichen Problemen, die die gleiche Sprache sprechen. Zudem wird man hier auf Grund der fehlen deutschen Sprache von der Spielhalle nicht ausgegrenzt, sondern im Gegenteil mit offenen Armen und nett empfangen.

Einen ähnlichen typischen Verlauf sehen wir auch bei geflüchteten Menschen: „Ich habe in meiner Heimat noch nie einen Spielautomaten oder ein Casino gesehen. So etwas kannte ich nur aus Hollywoodfilmen. Ich hatte überhaupt keine Vorstellung darüber, wie man davon süchtig werden kann. Als ich dann nach Deutschland kam, veränderte sich mein ganzes Leben. In meiner Heimat hatte ich feste Ziele, einen Job, Hobbys, Freunde und Familie. In Deutschland beherrschte ich die Sprache nicht und durfte nicht arbeiten. Ich hatte sehr viel freie Zeit, aber keine Hobbys oder keine Beschäftigungen. Die einzige Beschäftigung, die ich hatte, war der Integrationskurs und der Deutschkurs. Wenn man so viel freie Zeit hat, aber keine Perspektiven, kommt man auf dumme Gedanken. Bei mir waren es einige Freunde, die mich eines Tages zu einer Spielhalle mitnahmen. Dort wollten wir unsere Geldwünsche erfüllen. Aber wir haben immer nur verloren. Deshalb gingen wir am Anfang nur manchmal dahin, doch irgendwann waren wir jeden Tag dort. Wir hatten nun eine ′Beschäftigung′. Selbst wenn wir gar kein Geld zum Spielen hatten, hingen wir dort ab, liehen uns Geld von anderen Spielern und spielten weiter. Monate später bemerkten wir, dass wir eigentlich schon süchtig waren, da wir es nicht aushielten, wenn wir nicht zur Spielhalle gingen und dort spielten. Wenn wir kein Geld hatten und nur in der Spielhalle saßen, wurde jedem von uns kribbelig. Wir zitterten und wollten endlich wieder spielen, auch wenn es nur für 10 Cent wäre. Die Summe spielte keine Rolle mehr. Egal ob 10 Cent oder 1000€. Für unsere Sucht spielte das keine Rolle mehr. Wir brauchten einfach nur diesen Kick."

Auch in dieser Erzählung zeigt sich, dass die Suchtgefahr nicht erkannt wird. Auf Grund von Perspektivlosigkeit und zu viel freier Zeit wird nach einer Beschäftigung gesucht, die vermeint auch noch "Geld" bringen soll. So landet man dann in der Spielhalle. Selbst als erkannt wird, dass diese Beschäftigung eine Sucht ist und kein Geld, sondern nur Verluste bringt, kann man sich von ihr nicht mehr lösen. Hinzu kommt auch hier der Faktor des Freundeskreises hinzu, der einen wesentlichen Grund für den Einstieg in die Spielsucht darstellt.

3.2 Cafés

Wie schon deutlich wurde, spielen die Cafés und Teestuben eine wichtige Rolle bei der Entwicklung von Glücksspielsucht unter bestimmte Migrantengruppen in Deutschland. Daher sollen sie hier thematisiert werden. Dabei liegt das Hauptaugenmerk auf dem Glücksspiel. Das heißt, die Cafés sind nicht zu reduzieren auf das Glücksspiel, jedoch wird in dieser Arbeit nur dieser Punkt akzentuiert.

Die Cafés sollten nicht verglichen werden mit den Cafés in der alten Heimat, wo es tatsächlich Tee und Café gibt und kein Glücksspiel. Die einzigen Gemeinsamkeiten sind, dass beide Treffpunkte für Männer sind und dass in beiden Tee in Strömen fließt. Entstanden sind diese Einrichtungen in Deutschland in den 60´ern und 70´ern im Zuge der Gastarbeiter. In den 80´ern nahm sie an Anzahl rasant zu. Sie waren zunächst Orte des Rückzugs und der Heimat. Denn alternative Treffs für die Community gab es nicht viele. Hier trafen sich Gleichgesinnte und sprachen über “Arbeit in Deutschland“ und “Rückkehr in die Heimat“. Am Anfang gab es hier wenig Glücksspiel.

Noch heute gibt es in großen Teilen Deutschlands nur zwei Freizeitalternativen für muslimische Migrantengruppen: Entweder die Moscheevereine oder die Cafés. In diesen beiden Einrichtungen kommt man zusammen, tauscht sich aus, bildet ein Netzwerk. Während in den Moscheen Glücksspiel absolut tabu ist, ist es ein wesentlicher Bestandteil der Cafés. Vor allem für Rentner ist es schwierig, eine alternative Freizeitgestaltung zu finden. In der alten Heimat sind Seniorenangebote nicht notwendig, da Freizeitaktivitäten in der Gesellschaft und in der Öffentlichkeit generationsübergreifend sind. Daher wissen viele Senioren nicht, wie sie ihre Freizeit in Deutschland verbringen können und befinden sich daher die Hälfte des Jahres in der alten Heimat. Weil alternative Freizeit- oder Aufenthaltsangebote für diese Community fehlen, ist die Praxis, das Café als Treffpunkt zu nutzen, weit verbreitet. Dadurch findet die Glücksspielsucht immer neue Anhänger.

Eingetragen sind diese Einrichtungen in Deutschland fast immer als Vereine[16], Sport-, Kultur oder Heimatvereine. Jedoch findet man in ihnen recht selten Sport oder Kultur. Die Besitzer und der Ort dieser Cafés wechseln ständig, so ist es schwierig für Behörden, sie zu ermitteln. Hinzu kommt, dass einige Glücksspielautomatenbetreiber ihren Kunden großzügige Kredite geben, wenn sie z.B. Cafés eröffnen. Dies führt dazu, dass man mit wenig Aufwand schnell ein neues Lokal eröffnen kann.

Die Cafés sind reine Männerwelten. Es gibt eine strikte Geschlechtertrennung. Eine Frau würde daher niemals in ein solches Café eintreten. Einzige Ausnahme sind weibliche Kellnerinnen überwiegend aus Südosteuropa. Dies ist jedoch eine neuere Entwicklung

---

[16] Während Moscheen gezwungenermaßen, da der Islam keine staatlich anerkannte Religion in Deutschland ist, und mit organisatorischen Nachteilen als Vereine eingetragen sind, sind die Cafés auf Grund von finanziellen Vorteilen, z.B. steuerliche Begünstigungen, als Vereine eingetragen.

und kommt fast nur in Großstädten vor. Verknüpft sind sie zudem öfters mit Prostitution. Traditionelle Cafés stellen jedoch auch keine weiblichen Kellnerinnen ein.

Da der soziale Druck groß ist, sind die Fenster der Cafés verdunkelt. So sieht man nicht, wer dort sitzt und dass dort gespielt wird. Somit wird die soziale Kontrolle verringert. Verwandte und Bekannte sollen nicht sehen, dass man sich in den Cafés aufhält und spielt. Daher gibt es eins bis zwei Personen, die während die anderen spielen, vor dem Fenster oder vor der Tür Ausschau halten, ob z.B. Ordnungsamt oder Polizei in der Nähe ist.

Die Cafés sind auch Treffpunkte für "Nichtbesteller". Dass heißt, man kann sich auch in die Cafés begeben, ohne dort etwas zu bestellen. So werden sie schnell zu Begegnungszentren, zum zweiten Wohnzimmer, vor allem für Arbeitslose und Rentner. Einige Männer berichten, dass sie nach der Arbeit nur kurz nach Hause eilen, um Abend zu essen, und sich dann direkt danach in die Cafés begeben. Erst spät in der Nacht kommen sie dann wieder nach Hause. So zeigen sie ein suchtähnliches Besuchsverhalten. In den 80´ern waren die Cafés auch alternative Freizeiteinrichtungen (Ceylan, 2006, S. 187, 216), in denen z.B. türkische Musiker oder Bauchtänzerinnen auftraten oder zu Zeiten von Videogeräten türkische Filme oder Erotikfilme geschaut wurden.

Viele Männer berichten in der Familienberatung auch, dass sie in die Cafés gehen, um vor innerfamiliären Stress und Konflikten zu flüchten. Wenn es Probleme zu Hause gibt, flüchten sie in die Cafés. In Anwesenheit von Freunden vergessen sie den Frust. Fliehen vor dem Alltag. Sie müssen dann keine Schwächen zugeben oder über ihre Probleme sprechen, denn dies ist nicht selten mit Gesichtsverlust verbunden. Auch viele Männer, die kein Einkommen und keinen Job haben und sich dadurch als "Versager" fühlen, flüchten in die Cafés, wo sie "verstanden" werden. Im Café verbleiben sie dann von Sonnenuntergang bis zum Morgengrauen. Der Ruf eines solchen Mannes ist in der türkischen Community geschädigt. Vor der Hochzeit erkundigen sich die Eltern, ob der potentielle Schwiegersohn ein "Kahveci" ist, so bezeichnet man im Türkischen Personen, die mehr in den Cafés als zu Hause anwesend sind.

Für viele Arbeitslose sind diese Orte eine Möglichkeit, vom ständigen Zuhausesein, den Selbstvorwürfen, der Langeweile oder dem Gefühl, dass andere Personen auf einen herabblicken, zu entfliehen. Im Café werden diese Belastungen durch Bewältigungsstrategien, wie z.B. Ablenkung, Reden mit Vertrauenspersonen oder Zusammentreffen bewältigt (Ceylan, 2006, S. 219; Kieselbach et al., 1998. S. 94ff).

In den Großstädten sind die Cafés auch Anlaufstellen für Kleinkriminelle, Drogenabhängige oder Prostitution. Dies führt dann dazu, dass hier illegale Marktplätze entstehen. In den Cafés, aber vor allem in den Spielhallen, halten sich auch Kredithaie auf. Spielsüchtige, die kein Geld mehr haben und auf legalem Wege kein Kredit mehr bekommen, kommen hier schnell und einfach an Geld mit sehr hohen Zinsen ran. Doch nicht nur die hohen Zinsen werden nachhaltig zu großen Problemen, sondern auch der Druck der Zinswucher.

Für Spieler mit sehr hohen Schulden werden in den Cafés gelegentlich "Açılış" (Eröffnungsspiele) organisiert. Die gesamten Einnahmen der Spielerkasse werden an diesem Tag der Person gewidmet, für den dieser Abend organisiert wird. So kann die Person einen Teil seiner Schulden abbezahlen. Unter den Spielern führt dies zu einer gewissen Solidarität. Die Sucht wird dadurch jedoch nicht verringert, sondern nur erhöht (Ceylan, 2006, S. 229ff).

Während bis in die 90´er das Glücksspiel in den Cafés nur zweit- oder drittrangig war, verwandelten sich diese Cafés in den 90´ern zu regelrechten illegalen Glücksspielorten. Die Hinterzimmer der Cafés wurden zu Pokerzimmern. Ab einer bestimmten Uhrzeit wird in diesen Hinterzimmern für großes Geld gezockt. Cafés, in denen besonders viel gespielt wird, erkennt man da dran, dass am Eingang "Zutritt nur für Vereinsmitglieder" steht. Dies soll natürlich nur die Behörden ablenken und den Eindruck eines Vereins vermitteln. Denn die Cafés sind auch ein Thema für Ordnungsamt, Gewerbeamt,

Polizei und Finanzamt. Da diese jedoch in der Praxis recht wenig unternehmen (können), wird in der Nichtspieler-Szene diese Tatsache scharf kritisiert. Bei einer Razzia in Berlin wurden 15 solcher Teestuben durchsucht (BZ, 2009). 200 Polizisten beschlagnahmten in diesen Cafés insgesamt 48 Fun-Games Glücksspielautomaten. Diese Arten von Automaten[17] sind seit 2006 verboten, da die Spieldauer nur einige Sekunden beträgt und daher die Suchtgefahr sehr groß ist.

Es wäre also leichtsinnig zu glauben, dass sich die Cafés nur durch den Teeverkauf finanzieren. Die Spieler in den Cafés berichten, dass die Café-Besitzer ca. 10% der Gewinnsumme erhalten. Dies ist für viele Cafébesitzer verlockend, so dass Glücksspiel sehr schnell Einzug in die Einrichtungen findet.

---

[17] Sobald eine neue Gaststätte oder ein Café eröffnet wird, bieten dubiose Personen den Betreibern illegale, mobile Spielgeräte an. Die Gewinne aus diesen Geräten werden dann zwischen den Betreibern und den Hinterleuten geteilt.

Eine neue Entwicklung in den letzten Jahren ist zudem, dass Migrantengruppen immer wenige Cafés, dafür aber vermehrt Wettbüros eröffnen, um die junge Generation zu erreichen. Viele Sportwettbüros werden von Betreibern mit Migrationshintergrund betrieben. Daher sind sie auch überwiegend mit jungen Migranten befüllt. Diese Entwicklung lässt ganz klar erahnen, dass die Suchtproblematik unter jugendlichen Migranten in den nächsten Jahren immens steigen wird. Wie schon bereits erwähnt, sind Sportwetten jetzt schon ein weit verbreitetes Phänomen in der Jugendcommunity und führt des Öfteren zu größeren Suchtproblemen.

3.3 Problemwahrnehmung und –behandlung

Glücksspielsucht wird in Migrantenfamilien öfters unterschätzt[18]. Meist wird es nicht als Problem oder Krankheit, sondern als Charakterschwäche wahrgenommen und geleugnet[19]. Wenn das Problem größer wird, wird es tabuisiert und man spricht nicht darüber. Vor allem für Männer ist es ein Gesichtsverlust, weil sie z.B. durch hohe Verschuldungen die traditionellen Erwartungen an einen Mann nicht erfüllen können. Dadurch isolieren sich viele von Familie und Gesellschaft oder werden selbst vermieden. Oft versucht man das Problem innerhalb der Familie zu lösen, so dass es am besten niemand mitbekommt. Nicht selten endet das Ganze mit großen Schulden, Beschaffungskriminalität, Diebstahl,

[18] Weder bei legalen/illegalen Drogen noch beim Glücksspiel gibt es keine risikolosen Mengen, sondern nur risikoarme Mengen. Jede kleinste Menge beinhaltet ein Risiko und kann zur Sucht führen.

[19] An dieser Stelle müssen Aufklärungs- und Präventionsarbeiten in den Kulturvereinen geleistet werden. Diese sind wichtiger als die Therapie später.

Selbstmordversuchen oder Scheidungen. Vor allem familiären Zusammenbrüchen und Scheidungen begegnet man in der Beratung auffällig häufig.

Daher muss zunächst zum Thema aufgeklärt werden. Die Community muss sensibilisiert werden. Das kann durch Vorträge und Seminare in den Migrantenvereinen geleistet werden. Gleichzeitig ist es wichtig, eine Netzwerkarbeit zu leisten. Beratungsstellen, Selbsthilfegruppen, Vereinen können sich im Austausch befinden. So ergeben sich für beiden Seiten Ansprechpartner. Beratungsstellen können die Vereine kontaktieren, um einen Zugang zu der Klientel zu erreichen und die Vereine können Spielern und Angehörigen Kontakte nennen, an die sie sich bei Problemen wenden können.

Wie schon erwähnt wurde, ist Spielsucht fast immer mit einer negativen Vorgeschichte verknüpft. Um daher der Spielsucht vorzubeugen, sollte nicht nur die Wahrnehmung gestärkt werden, sondern auch die Faktoren, die zur Spielsucht führen können, sollten beseitigt werden. Bestimmte Freizeitaktivitäten, Hobbys, Sport, Kunst, eine intakte Familie, ein positiver Freundeskreis führen dazu, dass keine Konfliktbiographie entsteht, die Person ein hohes Selbstwertgefühl entwickelt und dadurch bestimmte Gefühle nicht mit Glücksspiel befriedigt werden müssen.

Für viele Spieler ist die Sucht ein peinlicher Zustand, so dass sie auch die Inanspruchnahme professioneller Hilfe verweigern. Sie verbinden damit Schamgefühle und befürchten eine Stigmatisierung, wenn sie professioneller Hilfe in Anspruch nehmen. Erst, wenn vieles schon (fast) zu spät ist oder die Familie auf dem Spiel steht, gehen sie diesen Weg. Laut einer Studie entspricht die Inanspruchnahme von Hilfen durch Menschen mit Migrationshintergrund zwar etwa der von Menschen ohne Migrationshintergrund, jedoch mit Ausnahme der türkischen Glücksspieler. In dieser Spielergruppe ist eine „beachtliche Diskrepanz zwischen Abhängigkeits- und Inanspruchnahmeraten“ (Kreuzer et al., 2012, S. 65) zu sehen. Daher muss auch die Annahme von professioneller Hilfe gestärkt werden.

Wenn dann jedoch professionelle Hilfe gesucht wird, scheitern die meisten an der Sprachbarriere. Nicht nur im Glücksspielsuchtbereich, sondern generell fehlen mehrsprachige Therapeuten und Berater. Doch auch bei Spielern, die die deutsche Sprache besser beherrschen als ihre Muttersprache, kommt es zu Hindernissen: Sie suchen Berater oder Therapeuten, die sie nicht nur sprachlich verstehen, sondern und vor allem kulturell. Sie suchen dann Hilfeangebote, die den kulturellen und den traditionellen Hintergrund der Spieler kennen, die gleichen Werte teilen und dementsprechend zielgruppenorientiert sind. Nur so können sie sich leichter öffnen, was ihnen sowieso schwerfällt. Diese Möglichkeiten gibt es aber in Deutschland immer noch viel zu selten[20].

In die Beratungsstellen kommen sowohl Angehörige als auch Spieler selbst. Etwas weniger als die

---

[20] Laut einer vom Bundesministerium für Gesundheit in Auftrag gegebenen Untersuchung sind die türkischen Migranten die Bevölkerungsgruppe mit der unzureichendsten psychosozialen Versorgung (Tuncay, 2010).

Hälfte der Klienten sind Angehörige. Dann sind es fast zu 100% die Ehefrauen oder die Mütter der Spieler. Meist sind es eben Frauen, die den ersten Schritt “nach Draußen“ machen, um Hilfe zu suchen. Sie sind lösungsorientierter. Aber auch der Leidensdruck ist bei ihnen höher als bei den Männern oder den Spielern selbst. Daher sind sie wichtige Ansprechpartner für Beratung und Therapie. Männer wollen das Problem häufig nicht wahrhaben und ziehen erst später nach.

Bei den Spielern ist es wichtig, ein Bewusstsein, eine Wahrnehmung, eine Akzeptanz für die Sucht aufzubauen. Ohne die Einsicht, dass ein Problem da ist, nützt jede Therapie nur wenig. Wenn die Einsicht da ist, muss der Spieler auch den Willen zur Veränderung haben. Der Wille alleine reicht auch nicht aus, er muss auch daran glauben, dass er sich verändern kann. Hierfür benötigen Spieler öfters verschiedene Motivationen, vor allem von der Familie. Erst dann beginnt der Veränderungsprozess.

Den Angehörigen von Glücksspielsüchtigen mit Migrationshintergrund kann nur das gleiche empfohlen werden, was auch anderen Angehörigen von Spielern empfohlen wird: Sachlich zu bleiben. Gleichzeitig ist es natürlich verständlich, wenn gerade bei Familienmitgliedern eine gewisse Emotionalität für das Problem in der Familie vorhanden ist. Die emotionalen Bindungen in der Familie führen aber dazu, dass nicht professionell oder sachlich an das Thema herangegangen wird. Eine überspitzte Emotionalität ist der Sache nicht hilfreich. Hier kann auch helfen, eine außenstehende Person als Schlichter hinzuzuholen. In einigen Communitys ist dieses Verfahren zur Konfliktbewältigung eine gängige Form, die oft auch tatsächlich zum Erfolg führt. Spezifisch auf Glücksspielsucht könnte ein solcher Schlichter eingesetzt werden, um dem Spieler klar zu machen, dass dies eine Suchtkrankheit ist, er eine Behandlung braucht und ihm eine Unterstützung angeboten wird.

Wichtig ist es auch, die Familien zum Thema Glücksspielsucht aufzuklären. Logischerweise kamen die

Familien meistens vorher nie mit diesem Thema in Berührung und wissen daher nicht, wie sie handeln sollen. Für viele aus der alten Heimat sind Glücksspielautomaten und Spielhallen unbekannt und daher auch die Gefahren und Risiken nicht bekannt. Daher ist es auch ganz wichtig, die Familien zu informieren und zu motivieren.

Ein typisches Verhalten der Familien ist, dass sie dem Spieler Geld leihen, damit er "wenigstens" seine Schulden auf Grund der Spielsucht begleichen kann[21].

---

[21] Es gibt eine Möglichkeit, sein Geld zurückzuverlangen oder erst gar nicht zu bezahlen, wenn man z.B. in Onlinecasinos gespielt hat. Denn die Bundesländer haben 2011 einen Staatsvertrag verabschiedet, laut dem Onlineglücksspiel, mit Ausnahme von Sportwetten und Lotterien, verboten ist. Verboten ist aber auch die Mitwirkung an Zahlungen für unerlaubte Angebote. Denn ein Rechtsgeschäft ist nichtig, wenn es, wie in diesem Fall der Onlinecasinos, gegen ein gesetzliches Verbot verstößt. Daher können die Spieler die Zahlung der Spielschulden verweigern und der Kreditkartenabbuchung unter Hinweis auf das illegale Glücksspiel widersprechen. Wenn das Geld schon gezahlt wurde, kann es per Lastschriftrückbuchung zurückverlangt werden. In den allermeisten Fällen verzichten die Kreditkartenfirmen dann auf das Geld und kündigen die Zusammenarbeit mit den Onlinecasinos. PayPal zieht das Geld ebenfalls nicht ein, sperrt aber das Konto. Wer jedoch mehr als einmal sein Geld zurückverlangt oder nicht zahlt, könnte wegen Betrugsverdacht angeklagt werden (Fröhlingsdorf, 2018, S. 32). Zudem hat der Bundesgerichtshof 2024 in einer Entscheidung klargestellt, dass auch Sportwettenverträge, die ohne die

Dies ist natürlich der falscheste Weg, den man gehen kann. Viele Familien sind jedoch ratlos und verzweifelt und versuchen dann wenigstens diese Baustelle "Schuld" zu schließen, damit man ein Problem weniger hat. Gleichzeitig ist mit dem Schuldenbegleichen natürlich auch verbunden, dass das innerfamiliäre Thema nicht in die Öffentlichkeit gerät. Diese kurzfristige Lösung führt aber zu weiteren langfristigen Problemen und löst das eigentliche Problem nicht.

Andere wirksamere kurzfristige Lösungen sind, dass Spielerfreunde gemieden werden, der Spieler kein Bargeld und keine Bankkarte bei sich trägt, Straßen mit Spielhallen gemieden werden, neue Freizeitaktivitäten gesucht werden und eine Selbst- oder Fremdsperre verhängt wird. Dies sind nützliche kurzfristige Lösungen, um die Zeit zum Therapietermin zu überbrücken.

Das Wichtigste ist jedoch, die Bedürfnisse, die beim Spielen kommen, mit anderen Aktivitäten zu

---

erforderliche Konzession abgeschlossen wurden, nach deutschem Recht nichtig sind. Dadurch entsteht ebenfalls ein Rückzahlungsanspruch.

befriedigen. So wie der Magen bei Hunger eine Nahrung braucht, gibt es Gefühle und Bedürfnisse, die ebenfalls gesättigt und befriedigt werden müssen. Wenn diese mit Glücksspiel "gefüttert" werden, ist es so, als würde man anstelle von Brot nur Schokolade essen. Daher muss den Spielern aufgezeigt werden, dass es andere Methoden gibt, bestimmte Bedürfnisse zu befriedigen.

Mythen

Gleichzeitig müssen einige Märchen rund um das Glücksspiel beseitigt werden, um einen Paradigmenwechsel hervorzurufen:

1. Glücksspiel ist kein Hobby.
2. Mit Glücksspiel gewinnt man kein Geld.
3. Das verlorene Geld kann man nicht mehr zurückholen.
4. Automaten sind nicht "kontrollierbar"; kein Glück; alles vorprogrammiert.
5. Wenn die Schulden abgezahlt werden, ist die Sucht nicht zu Ende.
6. Schmerzen und Probleme verschwinden nicht, wenn man spielt.

Therapieformen

Für die Spieler selbst gibt es unterschiedliche Therapieformen. Bei der 1. und 2. Generation braucht man dabei meistens noch muttersprachige Glücksspielberater oder -therapeuten. Das Finden solcher ist jedoch, wie schon beschrieben, in Deutschland nur sehr begrenzt möglich. Eine Therapie oder Beratung mit Übersetzung ist nicht zu empfehlen. Erstens, weil das Thema als intim und sensibel wahrgenommen wird und dadurch erschwert wird, sich zu offenbaren. Und zweitens, weil gerade bei solchen Themen Gefühle und Wahrnehmungen eine wichtige Rolle spielen. Diese können nicht übersetzt werden. Der Übersetzer übersetzt nur das, was er verstanden hat. Es ist also eine Interpretation in jeder Übersetzung dabei. Wo es doch sehr wichtig ist, dass der Klient selbst zu Worte kommt und seinen Gefühlen Ausdruck verleiht.

Letztendlich wird auch empfohlen eine Familienberatung und Schuldnerberatung in Anspruch zu nehmen. Erstere, weil vielfach Spielsucht mit familiären

Problemen verknüpft ist und das letztere, weil das Resultat des Spielens auch hohe Schulden sind, die wiederum wieder zum Spielen leiten.

Kultursensible Beratung und Therapie

Therapeuten, die selbst nicht aus der Kultur dieser Klientel kommen und die Werte dieser Community nicht kennen, sollten dabei auf einige Therapieunterschiede achten (vgl. Şahinöz, 2013). Lebensbedingungen, kulturelle Spannungen, Werte und Vorstellungen des Klienten sollten bekannt sein. Hierbei geht es in erster Linie darum, diese zu verstehen und keine wertende Haltung einzunehmen. Jedoch sollte es dabei auch weder zu einer Verallgemeinerung noch zu einer Überbetonung der unterschiedlichen Kulturen kommen. Obwohl es selbstverständlich keine Standardantworten gibt, sollen hier einige wichtige Faktoren im Umgang mit Klienten mit Migrationshintergrund, die beachtet und berücksichtigt werden sollten, wiedergegeben werden.

Zunächst ist es wichtig zu wissen, dass für vielen Migranten in Deutschland eher die Gemeinschaft im

Vordergrund steht. Es wird also kollektivistisch gedacht. Hiermit verknüpft sind Schamgefühl, Ehre und Stolz. Probleme dürfen nicht im Umfeld bekannt werden. Daher muss in der Behandlung immer wieder auch das Bezugssystem des Klienten im Überblick behalten werden. Eine Ausblendung des familiären oder gesellschaftlichen Kontextes wird zu keinem positiven Ergebnis führen. In diesem Sinne muss auch die Schweigepflicht thematisiert werden, damit der Klient Vertrauen in die Einrichtung aufbauen kann.

Da zudem das Familiensystem zentral ist, haben wir es hier auch mit einer verstärkten Co-Abhängigkeit der Familienangehörigen zu tun. Die Familien und Verwandten leiden mit dem Spieler stärker mit, als im Vergleich zu Familien ohne Migrationshintergrund.

Religion ist ganz häufig ein Thema, das im Raum steht. Sei es primär oder im Hintergrund. Auch bei Menschen, denen man vielleicht im ersten Blick keine Religiosität attestieren würde, kann die Religion schon beeinflussend und wichtig sein, selbst wenn sie nicht praktiziert wird. Zudem gibt es im Islam keinen religiös-freien Raum. Der Islam umfasst alle Lebensbereiche eines Menschen. Es gibt keine Themen oder Bereiche, die nicht “religiös“ wären und daher gibt es auch keine Trennung zwischen religiös und nicht religiös. So ist jeder Akt ist im Islam quasi ein religiöser Akt, entweder im sinne (also positiv) Gottes oder nicht. Alles hat einen religiösen (theologischen) Kontext. Die strikte Trennung zwischen weltlichem und religiösem ist im Islam nicht bekannt. Daher ist Religion im Islam nicht eingesperrt in Gotteshäuser.

Des Weiteren sind viele externalisierend ausgerichtet. Dass heißt, die Ursachen von Problemen sucht man in externen Faktoren. Dabei kann es öfters vorkommen, dass die Ursache in der Bestrafung Gottes, bösen Geistern oder Flüchen gesucht wird. Besonders Scheidungen werden auf Flüche zurückgeführt. Daher muss man auch diese mitthematisieren.

Das Krankheitsverständnis ist – speziell im Islam – ein anderes, als das, was man im europäischen Raum kennt (vgl. Şahinöz, 2013, S. 59ff). Der Islam hat ein ganzheitliches Gesundheitsverständnis. Es steht immer der gesamte Mensch im Vordergrund und nicht nur bestimmte Körperteile. Während Platon und Aristoteles von einer Einheit der Seele und des Körpers sprachen, wird im islamischen Verständnis noch ein weiteres Element hinzugefügt: das Soziale. Dabei geht es um ein Gleichgewicht zwischen Körper, Geist und Soziales. Diese sind von einander nicht zu trennen. Wenn jemand krank ist oder Schmerzen hat, dann ist es nicht unbedingt das Körperteil, der gerade schmerzt, der im Vordergrund steht, sondern der gesamte Mensch samt Körper, Geist und Seele. Wenn dieses Gleichgewicht gestört ist, gilt jemand als krank. Wenn das Gleichgewicht zwischen Gott und dem Menschen, im Menschen selbst und zwischen dem Menschen und seiner Umwelt gestört ist, wenn es in diesen drei Ebenen keine Harmonie gibt, ist der Mensch krank. Für eine Heilung der Krankheit ist daher notwendig, dieses Gleichgewicht wiederherzustellen. Die leibliche, seelische und soziale Ebene stehen daher alle in einem engen Zusammenhang. Wenn eine leibliche Krankheit herrscht, wird der Grund häufig auf der seelischen oder sozialen Ebene gesucht. Demnach ist die leibliche, die sichtbare Krankheit, nur die Folge der anderen Ebenen. Die Ebene des Leibes wird im Islam auf verschiedene Art und Weisen geheilt. Zum einen gibt es die bekannten Verbote, wie z.B. Alkohol und Schweinefleisch. Zum anderen ist das Fasten eine andere Methode. Der Körper selbst wird als Geschenk und gleichzeitig anvertrautes Gut Gottes gesehen. Der Muslim hat daher die Aufgabe, Gesundheit herzustellen und das Gut "heile" wieder zurückzugeben. Durch das Gedenken an die ständige Gegenwart Gottes, die Einhaltung der Gebete, das Lernen von Koran und Sunna soll ein Gleichgewicht auf der seelischen Ebene zwischen Mensch und Gott hergestellt werden. Dies ist z.B. bei muslimischen Gefängnisinsassen beobachtbar. Sie versuchen durch die Rückbesinnung auf ihre religiösen Pflichten sich zu "bessern". Hier erhält das Gebet eine präventive Eigenschaft. Die Ebene des Sozialen wird hergestellt durch den Schutz des Nächsten, die Zakat-Abgabe, den friedlichen Umgang miteinander und einer gerechten Sozial- und Wirtschaftsordnung (Laabdallaoui, Rüschoff, 2009, S. 29ff).

Zudem ist die Erwartung an einen Therapeuten eine ganz andere, als wir sie im westeuropäischen Kontext kennen. Es wird vom Therapeuten erwartet, dass er die Lösung des Problems findet. Er ist dazu "beauftragt", er muss die Lösung haben. Wenn er diese nicht hat und stattdessen auf die Potenziale des Klienten vertraut und ihn zur Autonomie oder Eigeninitiative motiviert oder eine Lösung gemeinsam mit dem Klienten erarbeitet, werden seine Kompetenzen in Frage gestellt. Oft muss der Therapeut direktiver werden und auch klare Ansagen machen, damit z.B. ein Veränderungsprozess eintritt. Dies ist sicherlich eine fremde Methode für den westeuropäisch-gelernten Therapeuten, ist aber in einem gewissen Rahmen notwendig, um die Zielgruppe zu erreichen und Therapieerfolge zu erzielen.

Für Therapeuten bietet es sich zudem an, interkulturelle Trainings zur Sensibilisierung zu besuchen. Diese Fortbildungen führen dazu, dass man sich interkulturelle Kompetenzen aneignet und dadurch auf andere Kulturen besser eingehen kann. In diesem

Sinne ist auch die Entwicklung von interkultureller Suchthilfe und Beratungsdienste notwendig.

Insgesamt ist die Behandlung also sowohl für die Spieler und Angehörigen als auch für Therapeuten mit und ohne Migrationshintergrund eine große Herausforderung.

4.0 Zahlen und Statistiken aus der türkischsprachigen Glücksspielsuchthotline

Seit Februar 2011 gibt es eine türkischsprachige Glücksspielsuchthotline[22], die kostenlos insgesamt 4 Stunden wöchentlich erreichbar ist[23]. Das Angebot wird jedoch bundesweit genutzt. Seit April 2016 gibt es zudem eine türkischsprachige Glücksspielsucht-Onlineberatung.

Da die Hotline von türkischen Glücksspielsüchtigen und/oder ihren Angehörigen genutzt wird und eins der wenigen bundesweiten Anlaufstellen für sie ist, bietet es sich auch längerfristig als Anhaltspunkt für Analysen an. Wichtige Daten lassen sich hier ableiten und dadurch Handlungsbedarfe

---

[22] Finanziert seit Februar 2011 von Bayern (Landesstelle Glücksspielsucht in Bayern) und seit April 2013 von Nordrhein-Westfalen (Landeskoordinierungsstelle Glücksspielsucht Nordrhein-Westfalen). Saarland beteiligte sich von Juli 2012 bis 2016 ebenfalls an der Finanzierung.

[23] Mo 18-20, Do 20-22 unter der Telefonnummer 0800-3264762.

ermitteln. Im Folgenden werden nun die Statistiken[24] dieser türkischsprachigen Glücksspielsuchthotline ausgewertet. Zum Erhebungszeitraum gab es 1086 Anrufe.

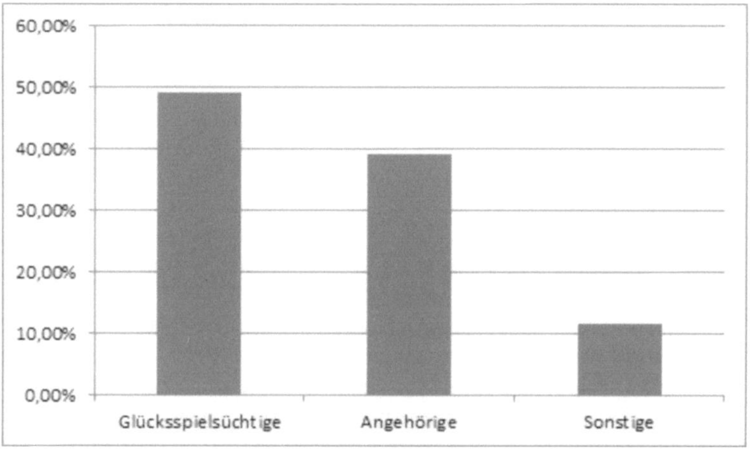

Tabelle 1: Anrufer

Wie in Tabelle 1 ersichtlich, sind fast die Hälfte aller Anrufer die Spieler selbst. Mit 49,17% machen sie den Großteil der Anrufer aus. Doch auch die Zahl der Angehörigen ist nicht zu unterschätzen. Mit 39,11% ist etwas mehr als jeder dritte Anrufer ein Angehöriger eines Spielsüchtigen. 11,72% ist der Anteil der sonstigen

[24] Die Statistiken sind eigene Berechnungen aus der türkischsprachigen Glücksspielsuchthotline.

Anrufer, wie z.B. Fachkollegen, Berater, Ärzte, Presse, Arbeitgeber, Studenten, Schüler oder Anwälte.

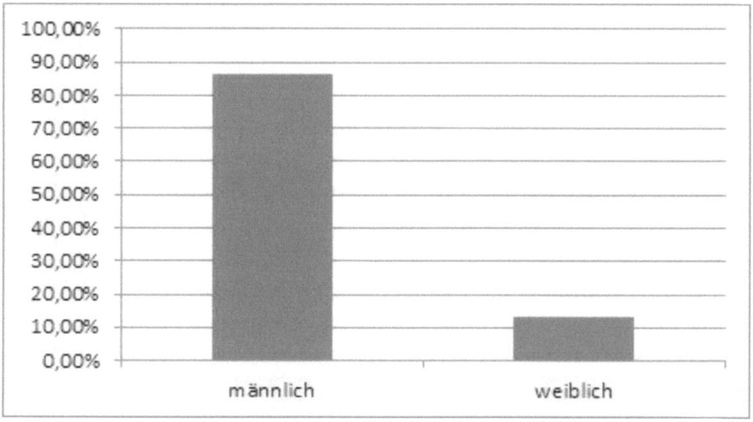

Tabelle 2: Geschlecht der Spielsüchtigen

Das Geschlecht der Spielsüchtigen ist zu 86,65% männlich und 13,35% weiblich. Diese Daten decken sich mit der Erwartung, dass türkische Spielsüchtige überwiegend männlich sind und mit den Daten aus den vorrigen Kapiteln, wonach generell Männer eher spielsüchtig sind. Der Anteil der weiblichen Spieler ist dagegen gering.

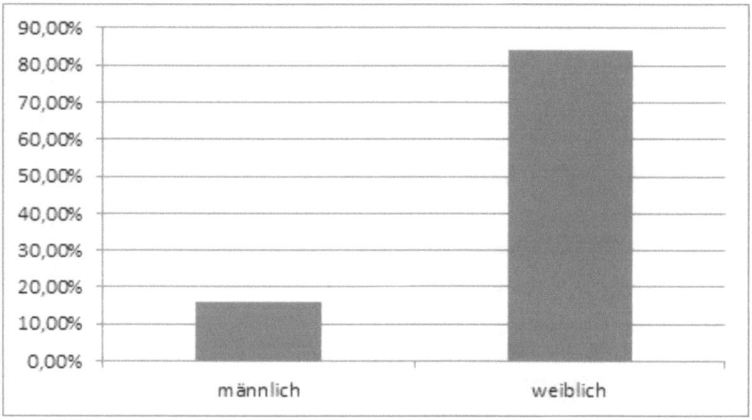

Tabelle 3: Geschlecht der Angehörigen

Bei dem Geschlecht der anrufenden Angehörigen sieht es dann genau anders herum aus. Hier sind nur 15,98% männlich und 84,02% weiblich. Auch dies deckt sich mit den Erkenntnissen der Beratung, dass es zunächst weibliche Familienangehörige sind, die den ersten Schritt ins Hilfesystem machen. Die Gründe hierfür wurden beschrieben.

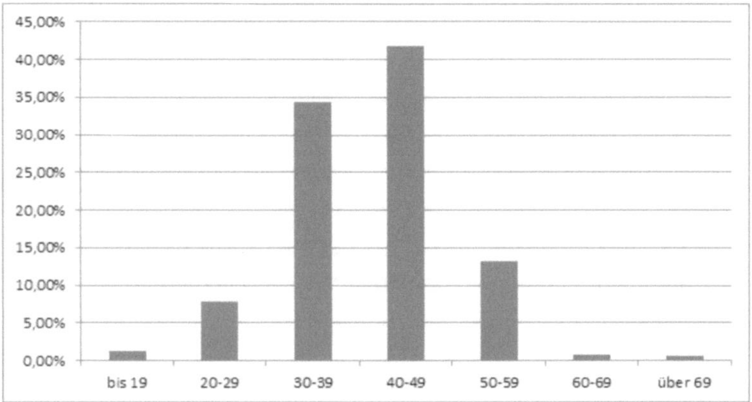

Tabelle 4: Alter der Spielsüchtigen

Tabelle 4 zeigt die Altersverteilung der Spielsüchtigen. Nur 1,36% sind unter 20 Jahre alt. Zwischen 20 und 29 Jahre alt sind 7,86%. Dann gibt es die erste große Steigung. 34,42% der Anrufer sind zwischen 30 und 39 Jahre alt. Die Mehrheit der Anrufer ist mit 41,73% zwischen 40 und 49 Jahre alt. Im höheren Alter zwischen 50 und 59 befinden sich 13,28%. Und nur 0,81% sind zwischen 60 und 69 Jahre alt. 0,54% der Anrufer sind über 69 Jahre alt. Das Durschschnittsalter liegt bei 40,83. Bei der Familienberatung ist die Mehrheit der Glücksspielsüchtigen zwischen 30 und 39 Jahre alt. Der Unterschied kann dadurch erklärt werden, dass die Gruppe der 40 bis 49 jährigen Spieler schwieriger zur

Beratung zu überreden sind, aber dafür leichter zum Telefonanruf.

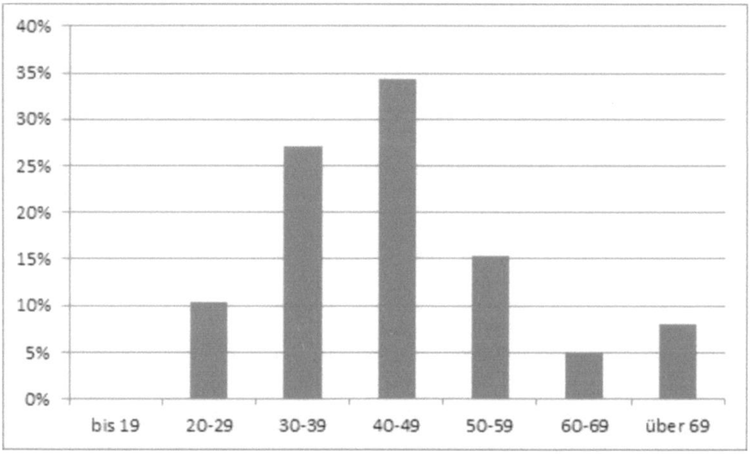

Tabelle 5: Alter der Angehörigen

Wie beim Geschlecht zeigt auch der Altersvergleich der Angehörigen einen Unterschied. Es gibt keinen Anrufer der unter 20 Jahre alt ist. 10,43% der Anrufer sind zwischen 20 und 29 Jahre alt. 26,99% sind zwischen 30 und 39 Jahre alt. Auch bei den Angehörigen sind die meisten mit 34,36% zwischen 40 und 49 Jahre alt. 15,34% der anrufenden Angehörigen sind zwischen 50 und 59 Jahre alt. 4,91% sind zwischen 60 und 69 Jahre alt und 7,98% sind über 69 Jahre alt. Der

Durchschnittsalter liegt bei den Angehörigen bei 44,48 Jahren. Dass Angehörige älter sind, ergibt sich aus der Tatsache, dass viele Eltern für ihre Spielsüchtigen Kinder anrufen. Dies zeigt auch Tabelle 6.

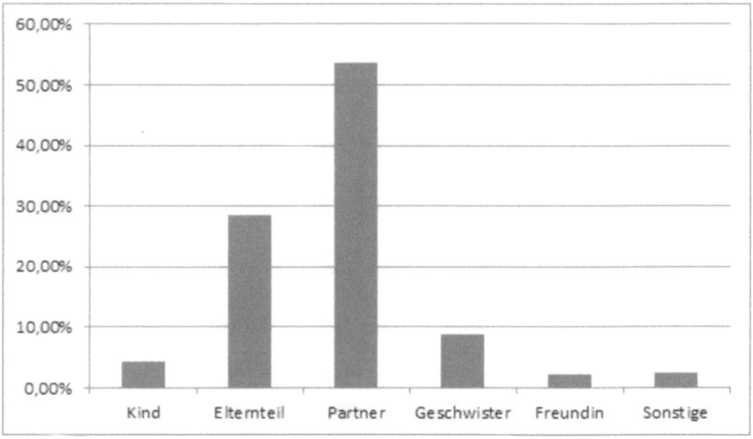

Tabelle 6: Beziehung des Angehörigen zum Spielsüchtigen

Nur 4,25% der Angehörigen sind die Kinder der Spielsüchtigen. 28,54% der Angehörigen sind ein Elternteil des Spielers. Der Anteil des Partners beläuft sich auf 53,54%. 8,73% der Anrufer sind Geschwister. 2,36% sind Freunde des Spielers und 2,58% haben eine andere Beziehung zum Spielsüchtigen. Dass heißt, mindestens 95,06% der Angehörigen sind Familienmitglieder.

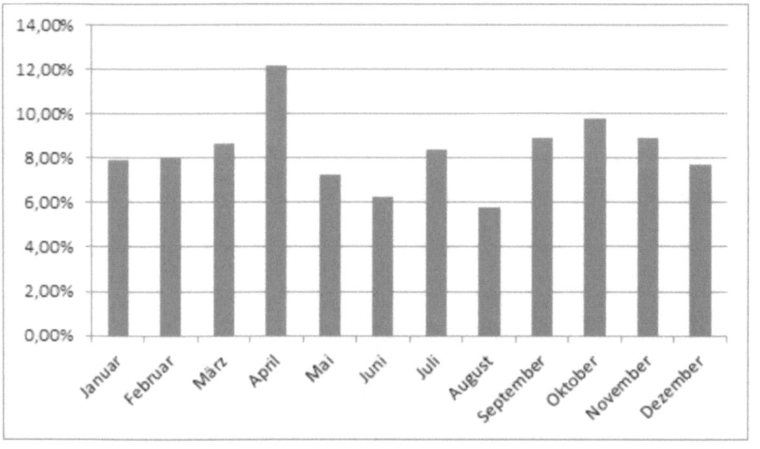

Tabelle 7: Anrufe nach Monaten

In Tabelle 7 sehen wir die Anrufe nach Monaten. Die höchste Frequenz hat der Monat April mit 12,18%. In den Sommermonaten sind die Anrufe vergleichsweise wenig. In dieser Jahreszeit sind viele verreist und spielen wohlmöglich weniger[25]. Zu dem gibt es im Sommer mehr

[25] Auch im Fastenmonat Ramadan, der sich jährlich um 10 Tage im Kalender verschiebt, sinken die Anrufzahlen. Zu vermuten ist hier, dass durch die Enthaltsamkeit im Ramadan viele Spieler sich vom Spielen fernhalten und so in den Gedanken kommen, dass sie mit dem Spielen aufgehört haben und daher keine professionelle Hilfe mehr brauchen.

Freizeitmöglichten als im Winter, wenn die Sonne recht früh untergeht. In den Wintermonaten steigen dann auch tatsächlich die Anrufzahlen.

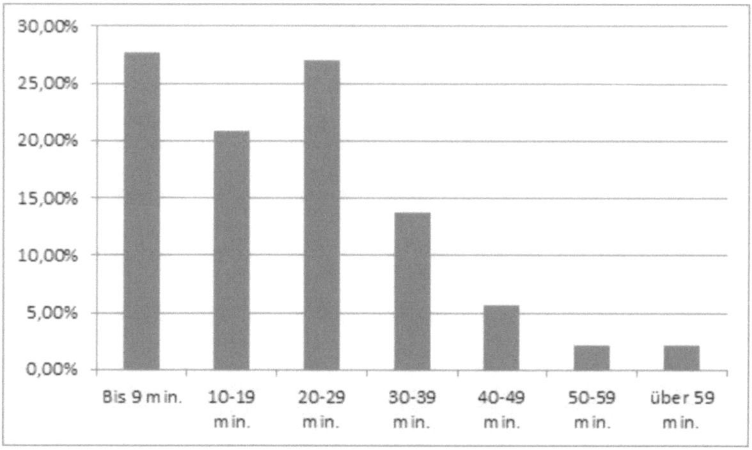

Tabelle 8: Anrufdauer

27,73% der Anrufe sind unter 10 Minuten lang. 20,89% der Anrufe dauern zwischen 10 und 19 Minuten. Mit 27,08% dauern die meisten Anrufe zwischen 20 und 29 Minuten. Zwischen 30 und 39 Minuten sind 13,68% der Anrufe. 5,73% dauern zwischen 40 und 49 Minuten. 2,20% der Anrufe gehen zwischen 50 und 59 Minuten. 2,13% der Anrufe dauern über 59 Minuten. Der Mittelwert liegt bei 23 Minuten. Vor allem, wenn

Klienten zum ersten Mal anrufen, ist die Gesprächsdauer lang. Bei Folgeanrufen verkürzt sich erwartungsgemäß die Dauer.

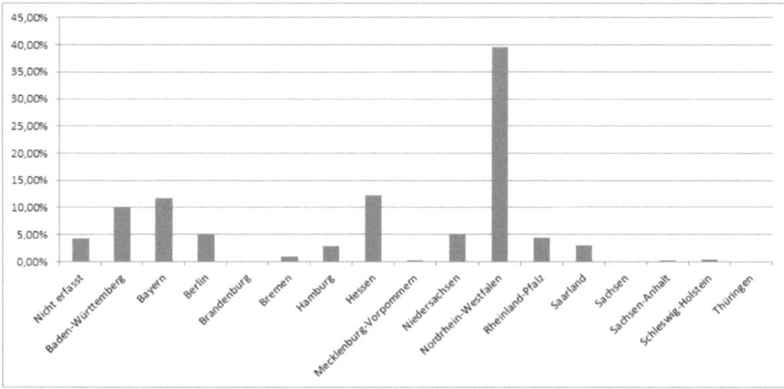

Tabelle 9: Anrufe nach Bundesländern

Im Erhebungszeitraum gibt es keine Anrufe aus den Bundesländern Brandenburg, Sachsen, Sachsen-Anhalt und Thüringen. Der Anteil der Migranten in diesen Bundesländern ist insgesamt niedrig. Niedrige Werte gibt es auch aus Mecklenburg-Vorpommern (0,10%), Schleswig-Holstein (0,50%) und aus Bremen (0,90%). 2,90% beträgt der Anteil aus Hamburg, 3% aus dem Saarland, 4,40% aus Rheinland-Pfalz, 5,10% aus Niedersachen und 5,20% aus Berlin. Die meisten Anrufer sind aus Baden-Württemberg (10%), Bayern (11,80%), Hessen (12,20%) und Nordrhein-Westfalen (39,60%). Laut absoluten Zahlen leben die meisten Menschen mit Migratiosnhintergrund in Nordrhein-Westfalen.

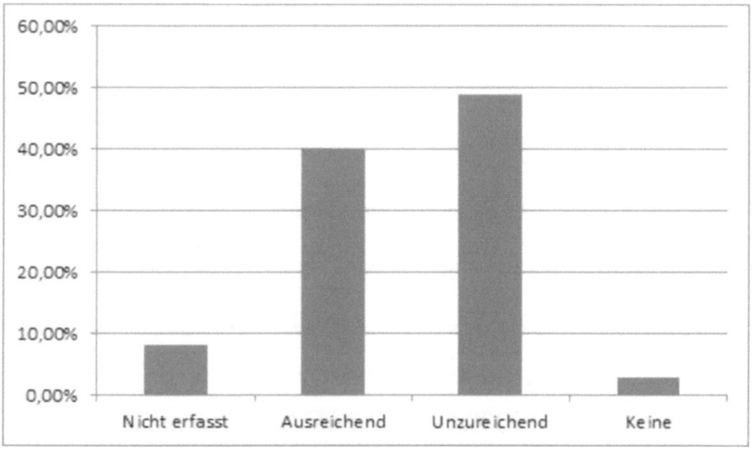

Tabelle 10: Deutschkenntnisse

2,80% der Anrufer sagen, dass sie keine Deutschkenntnisse besitzen. 48,90% finden ihre Deutschkenntnisse unzureichend. 40,10% der Anrufer haben ausreichende Deutschkenntnisse, so dass sie unproblematisch auf deutsch kommunizieren können.

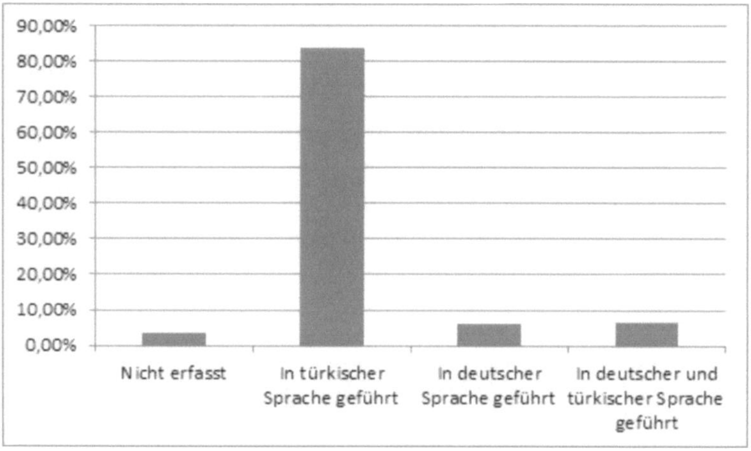

Tabelle 11: Sprache der Gesprächsführung

In Tabelle 11 wird deutlich, in welcher Sprache die Beratung stattfindet. Hier ist zu sehen, dass, obwohl ca. 40% der Anrufer ausreichende Deutschkenntnisse besitzt, die Beratung überwiegend nur in türkischer Sprache stattfindet (84,80%). Nur in 6% der Fälle findet das Gespräch ausschließlich in deutscher Sprache statt. Bei 6,70% der Anrufe werden beide Sprachen verwendet. Wie schon erwähnt, geht es vielen Klienten nicht nur um Sprache, sondern auch um andere Werte. Gefühle, Emotionen, tief im Unterbewusstsein verwurzelte Themen und bestimmte kulturelle Gegebenheiten können in der Muttersprache besser und vor allem präziser

Wiedergegeben werden als in einer erlernten Sprache, auch wenn man diese perfekt beherrscht. Daher greifen hier fast alle Anrufer auf die türkische Sprache zurück.

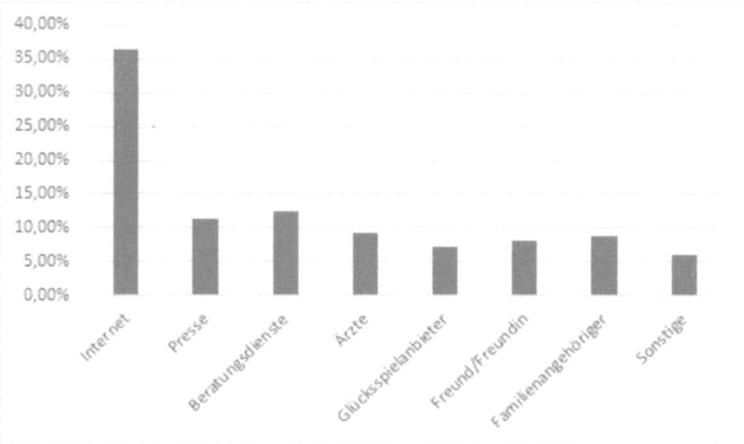

Tabelle 12: Telefonnummer erhalten durch…

36,49% der Anrufer geben an, dass sie die Telefonnummer der kostenlosen türkischsprachigen Glücksspielsuchthotline aus dem Internet haben. 11,44% der Anrufer haben die Nummer aus der Presse. Vor allem wenn Berichte in der türkischen Presse veröffentlicht wurden, sind die Anrufe an den darauf folgenden Tagen erkennbar höher ausgefallen. 12,51% haben die Nummer von einem Beratungsdienst erhalten. Bei 9,20% sind es

Ärzte, die die Nummer weitergeben. 7,26% beträgt der Anteil der Glücksspielanbieter. 8,19% der Anrufer erhalten die Nummer von Freunden. 8,90% beträgt dieser Anteil bei Familienangehörigen und 6,10% bei Sonstigen.

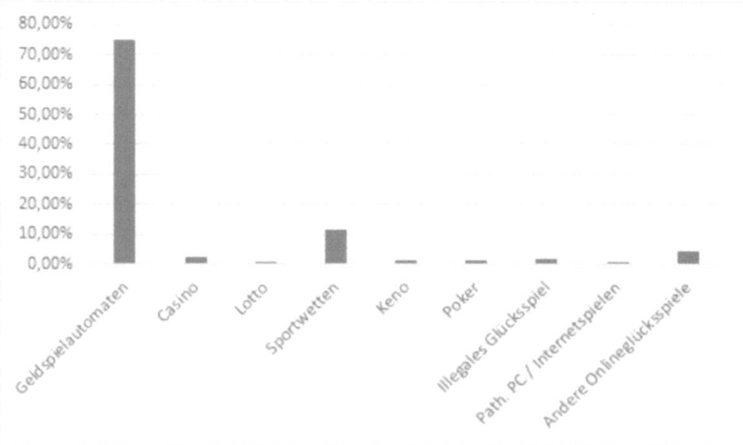

Tabelle 13: Art des Glücksspiels (Primär)

Im Vergleich zu Geldspielautomaten ist der Anteil der anderen Glücksspiele, die gespielt werden, gering (aber mit steigender Tendenz). Casinospiele spielen 2,25% der Spieler. 11,63% spielen Sportwetten. 1,50% geben an, dass sie Poker spielen, 1,69% spielt illegale Glücksspiele, 0,94% Lotto, 1,50% Keno und

0,75% pathologisch PC- und Internetspiele. 4,69% beträgt der Anteil der anderen Onlineglücksspiele, die gespielt werden. Der Anteil der Geldspielautomatensüchtigen beträgt dagegen 75,05%. Dieser hohe Anteil war zu erwarten.

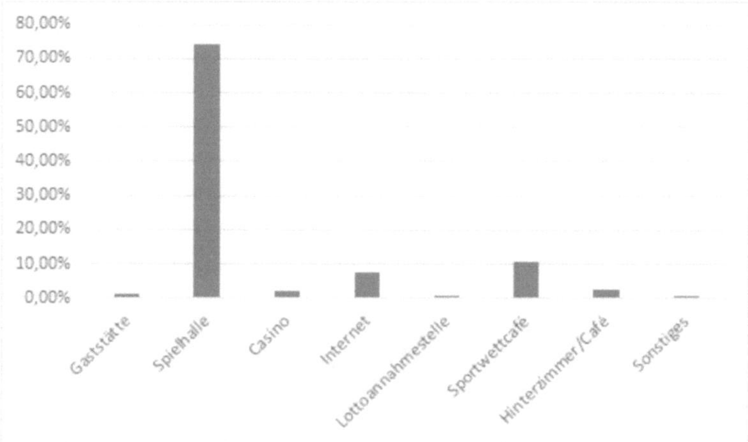

Tabelle 14: Ort des Spielens

Auch ist es interessant zu schauen, wo gespielt wird. 0,94% spielen in Lottoannahmestellen, 2,06% in Casinos und 1,31% in Gaststätten. 7,51% geben an, dass sie im Internet spielen und 2,63% in den Cafés oder im Hinterzimmer. In den Sportwettcafés spielen 10,69% der Anrufer. 74,11% der Spielsüchtigen spielen in den

Spielhallen. Der niedrige Anteil dieser ganzen Orte ausserhalb der Spielhallen sollte nicht falsch interpretiert werden. Die Sucht wird erst später in den Spielhallen erkannt und nicht schon im Anfangsstadium im Café oder im Internet.

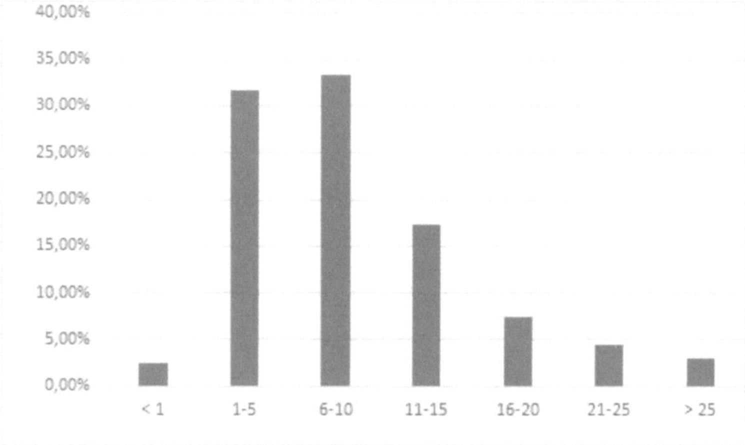

Tabelle 15: Dauer der Sucht

Die meisten Anrufer (33,45%) spielen seit 6 bis 10 Jahren. Der Anteil der Spielsüchtigen, die seit 1 bis 5 Jahren spielen, beträgt 31,71%. Seit 11 bis 15 Jahren spielen 17,32% der Anrufer. 7,51% ist der Anteil der jenigen, die seit 16 bis 20 Jahren spielen und immerhin 4,56%, die seit 21 bis 25 Jahren spielen. 2,51% beträgt der Anteil der Spieler, die seit weniger als einem Jahr spielen. 2,94% spielen seit über 25 Jahren. Der Durchschnitt beträgt 8,72 Jahre. Diese Werte decken sich mit den allgemeinen Daten, wonach 5 bis 10 Jahre vergehen, bis man professionelle Hilfe sucht.

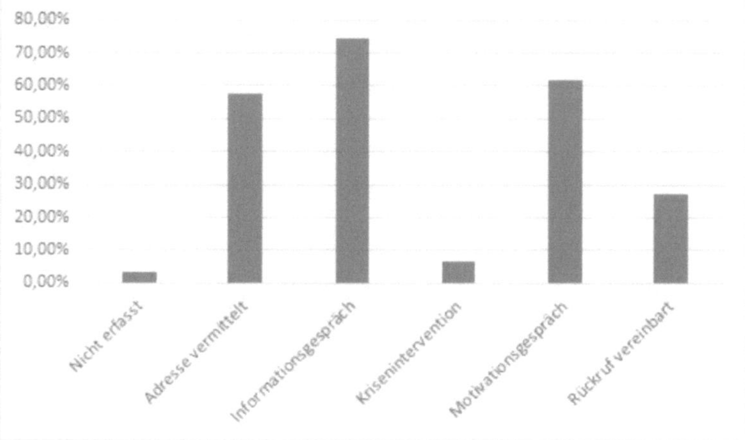

Tabelle 16: Art der Intervention (Mehrfachnennungen möglich)

74,30% der Anrufer erhalten allgemeine und spezielle Informationen zur Glücksspielsucht und ihrer persönlichen Situation. Diese Aufklärungsarbeit ist für viele besonders wichtig, da sie zum ersten Mal über das Problem reden können und man ihnen zu hört. 57,60%

der Anrufer erhalten Adressen, an die sich sich wenden können. Auch dies ist für viele Anrufer von enormer Bedeutung, da sie selbst keine Ansprechpartner vor Ort finden können. 61,73% der Anrufer – seien es Spieler selbst oder auch Angehörige – werden motiviert, sich der Sucht zu stellen und diese zu beheben. Mit 27,02% werden Rückrufe vereinbart. Bei 6,75% muss eine Krisenintervention geleistet werden.

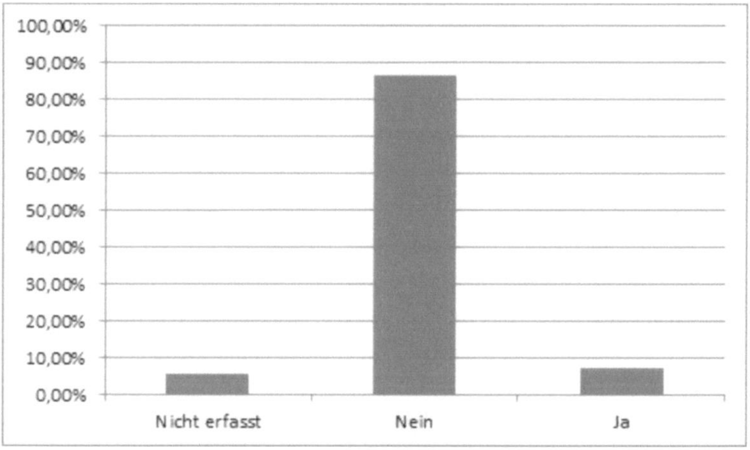

Tabelle 17: Suizidgefahr

Bei einem nicht zu unterschätzenden Anteil der Anrufer gibt es die Gefahr von Suizid. Bei 5,82% ist dies erkennbar oder sie geben es selber an. Dies zeigt die

Notwendigkeit eines Hilfesystems, dass diese Menschen erreicht, noch bevor es zu spät ist.

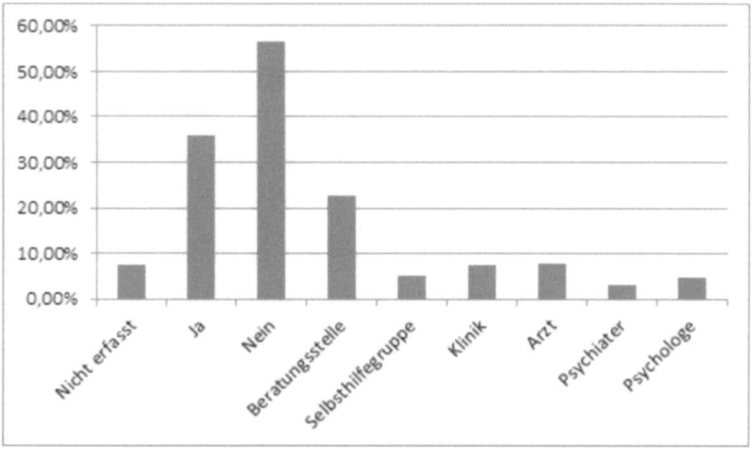

Tabelle 18: Bisher Kontakt zum Hilfesystem (Mehrfachnennungen möglich)

Ganze 56,47% der Anrufer haben vor dem Anruf noch keinen Kontakt zum Hilfesystem. Der Anruf zur Hotline ist also der erste Schritt. 35,83% geben an, dass sie schon einmal das Hilfesystem in Anspruch genommen haben. 22,70% besuchten eine Beratungsstelle, 7,88% waren beim Arzt, 3,19% beim Psychiater, 5,07% besuchten Selbsthilfegruppen, 4,88% waren beim Psychologen und 7,50% in einer Klinik.

Auch diese Zahlen führen vor Augen, dass viele keine Hilfe in Anspruch nehmen oder keine Möglichkeit haben, Hilfe anzunehmen, da Angebote fehlen.

Insgesamt lässt sich sagen, dass sich das Angebot des türkischsprachigen Hilfetelefons sehr bewährt hat. Die Anrufer (Spielsüchtige, Angehörige, Multiplikatoren) sind überaus glücklich darüber, dass sie endlich einen Ansprechpartner haben. Wie oben schon skizziert, suchen viele nach einem Berater, der sie auch kulturell und religiös versteht. Durch diese niedrigschwellige, kostenlose und anonyme Möglichkeit in der Muttersprache, wird dies gewährleistet.

5.0 Fazit

Es ist grundsätzlich schwierig, Glücksspielsüchtige im Hilfesystem aufzunehmen. Wie schon erwähnt, nehmen nur bis zu 10% der Süchtigen das Hilfsangebot an. Auf Grund spezifischer Probleme, die in dieser Arbeit behandelt wurden, ist es noch schwieriger, Migranten – speziell türkische - mit Glücksspielsucht zu erreichen.

An Hand der Daten ist aber zu sehen, dass Glücksspielsucht unter Migranten in Deutschland ein großes Problem ist. Die Zahl der Spielsüchtigen – vor allem der der Jugendlichen – steigt jedes Jahr an. Gleichzeitig gibt es nur sehr wenige Behandlungsmöglichkeiten, die von dieser Community wahrgenommen werden können. Umso größer ist der Handlungsdruck.

Angepasste, kultursensible Interventionen sind daher dringend nötig. Daher macht es Sinn, niedrigschwellige Angebote zu erweitern. Diese sind erste Schritte zur therapeutischen Behandlung.

Gleichzeitig können Therapeuten, die dieser Kultur fremd sind, sich durch interkulturelle Fortbildungsprogramme wichtige Erkenntnisse aneignen und so die Zielgruppe erreichen.

In den Migrantengruppen selbst sollte für Aufklärung gesorgt werden. Das Thema Glücksspielsucht und seine Gefahren sollten behandelt werden. Noch ist dies ein großes Tabuthema, das nicht angesprochen wird. Dadurch dramatisiert sich die Situation und die Unkenntnis ist groß. Hier entgegenzuwirken ist ebenfalls ein erster wichtiger Schritt.

> „Viele Menschen versäumen das kleine Glück, während sie auf das große vergebens warten."
>
> Pearl S. Buck

6.0 Literatur

- Bätz B.: Sucht und Migration. In: Deutsche Hauptstelle gegen Suchtgefahren (Hrsg.): Jahrbuch Sucht 2002. Neuland: Geestracht, 2002, S. 182-192
- Becona E.: The prevalence of pathological gambling in Galicia (Spain). In: Journal of Gambling Studies 9, 1993, S. 353–369
- Bensel W.: Implizite Krankheitsvorstellung bei ausländischen Glücksspielern. In: Gesellschaft für wissenschaftliche Gesprächspsychotherapie e.V. (Hrsg.): Gesprächspsychotherapie und personenzentrierte Beratung 3/07. Gesellschaft für wissenschaftliche Gesprächspsychotherapie e.V.: Köln, 2006, S. 167-172
- Bensel W., Tuncay W.: Beratung und Behandlung von Glücksspielern mit türkisch-orientalischem Migrationshintergrund. In: Petry J. (Hrsg.): Differentielle Behandlungsstrategien bei pathologischem Glücksspielen. Lambertus: Freiburg i. Br., 2013, S. 156-168
- Best B.: Der gekaufte Fußball. Manipulierte Spiele und betrogene Fans. Murmann: Hamburg, 2013

- Bondolfi G., Jermann F., Ferrero F., Zullino D., Osiek C. H.: Prevalence of pathological gambling in Switzerland after the opening of casinos and the introduction of new preventive legislation. In: Acta Psychiatrica Scandinavica, 117, 3, 2008, S. 236-239
- Bühringer G., Türk D.: Geldspielautomaten – Freizeitvergnügen oder Krankheitsverursacher? Hogrefe: Göttingen, 2000
- BZ: Razzia in 15 türkischen Teestuben. Polizei beschlagnahmt illegale Glücksspiel-Automaten. 03.09.2009
- BZgA (Bundeszentrale für gesundheitliche Aufklärung): Glücksspielverhalten und Glücksspielsucht in Deutschland 2013. BZgA: Köln, 2014
- Ceylan R.: Ethnische Kolonien. Entstehung, Funktion und Wandel am Beispiel türkischer Moscheen und Cafés. VS Verlag: Wiesbaden, 2006
- Custer R. L., Milt H.: When luck runs out. Facts on File Publication: New York, 1985
- DHS (Deutsche Hauptstelle für Suchtfragen e.V.): Pathologisches Suchtspielen. Suchtmedizinische Reihe. Band 6. DHS: Hamm, 2013

- Dostojewski F.: Der Spieler. Aus den Aufzeichnungen eines jungen Mannes. Reclam: Leipzig, 2000
- Füchtenschnieder-Petry I., Hayer T.: Evaluation der Hotline Glücksspielsucht NRW: Analysen zum Anruferprofil. Vortrag auf dem Deutschen Suchtkongress. Symposium „Interventionen bei pathologischem Glücksspielen und pathologischem PC-/Internetgebrauch". Berlin, 05.10.2012
- Fröhlingsdorf M.: Alles auf die Kreditkarte. In: Der Spiegel, 1/2018, S. 32
- Games Business Online: Werbung: 200-Millionen-Grenze geknackt. 07.06.2016 Im Internet: https://www.gamesundbusiness.de/news/details/werbung-200-millionen-grenze-geknackt/
- Hayer T.: Aktuelle Entwicklungen auf dem Glücksspielmarkt und neue Erkenntnisse aus der Glücksspiel(sucht)forschung: Implikationen für die Praxis. Vortrag am 28.10.2015 in Bielefeld
- Hoffmann B.: Ein Allzeithoch an Sanktionen. In: Kicker, 2023, Nr. 30, S. 82-83
- Khazaal Y., Chatton A., Billieux J., Bizzini L., Monney G., Fresard E., Thorens G., Bondolfi G., El-Guebaly N., Zullino D., Khan R.: Effects of

expertise on football betting. In: Substance Abuse Treatment, Prevention, and Policy, 7:18, 2012

- Kieselbach T., Klink F., Scharf G., Schulz S.O.: „Ich wäre ja sonst nie mehr an Arbeit rangekommen!" Evaluation einer Reintegrationsmaßnahme für Langzeitarbeitslose. Beltz: Weinheim, 1998
- Kreuzer A., Kastirke N., Bischof G., Glorius S., Goeze C., John U., Meyer C., Müller C., Rumpf H.J.: Migration, Inanspruchnahme von Hilfen und Glücksspielen – Teil I und II (MIG-I und MIG-II). Endbericht. K.A: k.A, 2012
- Laabdallaoui M., Rüschoff I.: Ratgeber für Muslime bei psychischen und psychosozialen Krisen. Edition Bukhara: Mössingen, 2009
- Meyer C., Rumpf H-J., Kreuzer A., de Brito S., Glorius S., Jeske C. et al.: Pathologisches Glücksspielen und Epidemiologie (PAGE): Entstehung, Komorbidität, Remission und Behandlung. Forschungsverbund EARLy INTerventions in health-risk behaviors: Greifswald und Lübeck: 2011
- Meyer G.: Spielsucht – Theorie und Empirie. In: Poppelreuter S., Gross W. (Hrsg.): Nicht nur Drogen machen süchtig. Entstehung und Behandlung von

stoffungebundenen Süchten. Beltz: Weinheim, 2000, S. 1-16

- Meyer G.: Glücksspiel - Zahlen und Fakten. In: DHS (Hrsg.): Jahrbuch Sucht 2013. Neuland: Geesthacht, 2013, S. 119-134
- Meyer, G.: Glücksspiel – Zahlen und Fakten. In: DHS (Hrsg.): Jahrbuch Sucht 2017. Pabst Science Publishers: Lengerich, 2018
- Meyer G., Bachmann M.: Glücksspiel. Wenn der Traum zum Alptraum wird. Springer: Berlin und Heidelberg, 1993
- Meyer G., Bachmann M.: Spielsucht. Ursachen, Therapie und Prävention von glücksspielbezogenem Suchtverhalten. 3. Auflage. Springer: Berlin und Heidelberg, 2011
- Müller K., Wölfling K., Giralt S.: Update Glücksspielsucht. Pathologisches Glücksspiel. Eine aktuelle Übersicht zu Verbreitung, Merkmalen und therapeutischer Handhabung. In: Konturen. Fachzeitschrift zu Sucht und sozialen Fragen, 34, 1, 2013. Im Internet: http://www.konturen.de/NEU_pages/archiv/2013/0113/0113-leseprobe.php
- Petry J.: Die Behandlung der „Glücksspielsucht" bei Migranten. In: DHS (Hrsg.): Sucht in unserer

multikulturellen Gesellschaft. Lambertus: Freiburg im Breisgau, 1998, S. 166-183

- Petry N.: Pathological gambling. Etiology, comorbidity, and treatment. American Psychological Association: Washington, DC., 2005
- Raylu N., Oei T. P.: Role of culture in gambling and problem gambling. Clinical Psychology Review 23. 2004, S. 1087-1114
- Şahinöz C.: Leben und Arbeiten mit türkischen und muslimischen Familien. Ein einfühlsamer Ratgeber. 2. Auflage. Achalm Wissenschaftsverlag: Reutlingen, 2013
- Schmidt L., Kähnert H.: Konsum von Glücksspielen bei Kindern und Jugendlichen – Verbreitung und Prävention. Abschlussbericht an das Ministerium für Gesundheit, Soziales, Frauen und Familie des Landes Nordrhein-Westfalen. 2003
- Schnizler R.: Zockerliga: Ein Fußballprofi packt aus. Gütersloher Verlagshaus: Gütersloh, 2011
- Schu M., Kirvel S., Kalke J., Schütze C., Hartmann R., Rosenkranz M.: Erhebung von Ansätzen guter Praxis zu Prävention, Beratung und Behandlung von Glücksspielgefährdeten/-abhängigen in Hessen. Abschlussbericht für die HLS. FOGS & ISD: Köln, Hamburg, 2010

- Schüll N. D.: Addiction by Design: Machine Gambling in Las Vegas. Princeton University Press: Princeton, 2012
- Schütze C., Kalke J., Möller V., Turowski T., Hayer T.: Glücksspielatlas Deutschland 2023. Zahlen, Daten und Fakten. Institut für interdisziplinäre Sucht- und Drogenforschung, Deutsche Hauptstelle für Suchtfragen, Arbeitseinheit Glücksspielforschung der Universität Bremen: Hamburg, Hamm, Bremen, 2023
- Statista Consumer Insights: Sportwetter/innen, 2024
- Tuncay M.: Wettbüro statt Teestube. Glücksspiel bei Migranten aus dem orientalischen Kulturraum. In: Konturen. Fachzeitschrift zu Sucht und sozialen Fragen, 5, 2010. Im Internet: http://www.konturen.de/NEU_pages/archiv/2010/0510/0510_leseprobe.php
- Türkischsprachige Glücksspielsuchthotline: Statistik. Eigene Berechnungen.
- VDR (Verband Deutscher Rentenversicherungsträger): Statistik Rehabilitation. VDR: Frankfurt, 1996
- Viewe H.-G.: Wirtschaftsentwicklung Unterhaltungsautomaten 2010 und Ausblick 2011. Gutachten im Auftrag des Arbeitsausschusses

Münzautomaten (AMA). Institut für Wirtschaftsforschung Universität München: München, 2011

- Volberg R. A., Abbott M. W., Ronnberg S., Munck I. M.: Prevalence and risks of pathological gambling in Sweden. In: Acta Psychiatrica Scandinavica, 104, 4, 2001, S. 250-256
- Whelan J. P., Steenbergh T. A., Meyers A. W.: Problem and pathological gambling. Hogrefe & Huber Publishers: Cambridge, 2007
- Yaldir T.: Pathologisches Spielen bei türkischstämmigen Migranten – Einflussfaktoren und Behandlungsangebote. Diplomarbeit an der Ev. Fachhochschule Rheinland-Westfalen-Lippe. 2012
- Zeier H.: Arbeit, Glück, Langeweile. Psychologie im Alltag. Huber Hans: Bern, 1992

Zum Autor:
Der Autor Dr. Cemil Şahinöz (Soziologe, Religionspsychologe, Familienberater, Integrationsbeauftragter, geboren 1981) ist Gründer und Chefredakteur der Zeitschrift "Ayasofya". Er hat verschiedene Bücher zu soziologischen, gesellschaftlichen, psychologischen und theologischen Themen verfasst. Sein erstes Buch schrieb er mit 15 Jahren und mit 16 Jahren brachte er seine erste monatliche Zeitschrift heraus. Sein Aufsatz "Situation der türkischen Familien in Europa" wurde 2006 von Diyanet (DİTİB) zum "Besten Aufsatz des Jahres" gewählt. Zu verschiedensten Themen hält er Vorträge, Seminare, Fortbildungen, Konferenzen und Workshops. Er ist in verschiedenen Zeitungen und Zeitschriften als Journalist und Kolumnist tätig. Als Journalist begleitete er den deutschen Bundespräsident Christian Wulff und den türkischen Staatspräsidenten Abdullah Gül bei ihrem Osnabrück-Besuch. Şahinöz moderierte den Podcast "Misawa Talk". Hauptberuflich ist er in der Integrationsagentur und Familienberatung und nebenbei in der türkischen Glücksspielsuchthotline tätig. In der Vergangenheit arbeitete er als Lehrer, Projektmanager, Seelsorger für muslimische Häftlinge, Übersetzer, Editor und Leiter von pädagogischen Angeboten. Seine Webseite (www.misawa.de) wurde unter 42 deutschen Islamseiten in den Bereichen "Offenheit", "Dialog", "Meinungsfreiheit", "Toleranz" und "Demokratisch" in einer Forschungsarbeit an einer Universität am besten bewertet. Als Dank und Auszeichnung für sein Engagement im Bereich Integration wurde er von Bundeskanzlerin Dr. Angela Merkel im Bundestag in Berlin empfangen und seine Arbeit auf diesem Gebiet gelobt. Şahinöz traf sich u.a. auch mit dem muslimischen Berater von Barack Obama, Rashad Hussain, und tauschte sich mit ihm über den Islam, die Muslime und ihren Organisationen in Deutschland aus. Der AIB (Europäischer Arbeitgeber und Akademiker Verbandes NRW) verlieh ihm im Juni 2011 den "Akademiker- und Integrationspreis." In der Focus Ausgabe Nr. 39 (19.09.2015) wurde er als einer der intellektuellen, muslimischen Jugendlichen in Deutschland vorgestellt und als "Seelsorger" betitelt. Şahinöz war zudem Vorsitzender des Bündnis Islamischer Gemeinden (Dachverband der muslimischen Einrichtungen in Bielefeld) und Gründungsmitglied, Generalsekretär und ehemaliger Vorsitzender der European Risale-i Nur Association (Dachverband der Nurculuk Bewegung in Europa).
Kontakt: cemil.sahinoez@gmx.de, www.misawa.de,
https://x.com/Cemil_Sahinoez, https://www.facebook.com/CemilSa,
http://instagram.com/cemilshnz, www.youtube.com/user/Cemil4000

Weitere Bücher von Dr. Cemil Şahinöz:

• Wer Bist Du? Die Reise des Menschen
• Das Gebetsbuch. Handbuch zum Islamischen Gebet. Theorie und Praxis
• Die Nurculuk Bewegung. Entstehung, Organisation und Vernetzung
• Patient oder Kunde? Eine empirische Studie über Konzepte, Strukturen und Kundenorientierung in Krankenhäusern
• Leben und Arbeiten mit türkischen, arabischen und muslimischen Familien: Ein einfühlsamer Ratgeber
• Chancen(un)gleichheit in der Schule
• Der deutsche Islam
• My Halal Check – Einkaufshelfer für Muslime
• Avrupa´da Islam. Gurbette müslümanlar ve türkler (türkisch)
• Muhammed in der Thora und der Bibel
• Gefangen im Spiel. Glücksspielsucht unter Migranten. Ursachen, Folgen und Wege aus der Sucht
• Islamisches Wörterbuch
• Salafismus. Extremismus und Fanatismus verstehen und handeln
• Pozitif ol. Pozitif bak. Psikolojik Terapide Risale-i Nur (türkisch)
• Die Gülen Bewegung – Religionsgemeinschaft oder Geheimbund?
• Seelsorge im Islam: Theorie und Praxis in Deutschland
• Islamische Seelsorge bei Said Nursi
• Nurculuk Hareketi: Sosyolojik Bir Araştırma (türkisch)
• Systeme der Gesellschaft
• Ahlaq – Moral und Ethik im Islam
• Positives Handeln bei Said Nursi

- Kalbinizle yaptığınız her şey, size geri dönecektir (türkisch)
- Einführung in die islamische Soziale Arbeit und Religionssoziologie
- Cemaat´ten Örgüt´e. FETÖ´nün sosyolojik analizi (türkisch)
- Rhetorik und die Kunst der Kommunikation nach Imam Gazali
- Damals war es Ali
- Göçmen Bavulu (türkisch)
- Das große Buch der islamischen Bittgebete
- Yapay Zeka. Dost mu, Düşman mı? (türkisch)
- Faiz nasıl helal oldu? (türkisch)
- Perspektivenwechsel. Durch positive Psychologie das Leben neu entdecken
- Who Are You? The journey of man (englisch)
- Waswasa und Panikattacken. Strategien gegen Zwangsstörungen, Zwangsgedanken und Einflüsterungen
- Islamische Philosophie

In einer Forschungsarbeit für den Lehrstuhl für Vergleichende Kultur- und Sozialanthropologie an der Europa-Universität Viadrina wurden 42 Islam-Foren in Deutschland untersucht. Das Misawa-Forum wurde in allen Bereichen ("Offenheit", "Dialog", "Meinungsfreiheit", "Toleranz" und "Demokratisch") am Besten bewertet.
?
!
www.misawa.de
tv.misawa.de
www.ayasofya-zeitschrift.de
www.hoerbuecher-islam.de
www.werbistdu.net
www.seelsorgeislam.de
www.lesen24.com
www.myhalalcheck.com
www.wirverein.de
misawa.de/mtalk.htm
forum.misawa.de
mmnach.de
www.youtube.com/Ensarmania
meshirt6.wordpress.com
review6.wordpress.com
AUCH ALS
APP
M
wie Misawa
Haben Sie diese Internetseiten schon besucht? Nein? Dann aber schnell!